K. F. von Justin

Erster Feldzug

1792

K. F. von Justin

Erster Feldzug

1792

ISBN/EAN: 9783743301061

Hergestellt in Europa, USA, Kanada, Australien, Japan

Cover: Foto ©ninafisch / pixelio.de

Manufactured and distributed by brebook publishing software
(www.brebook.com)

K. F. von Justin

Erster Feldzug

Erster Feldzug

der

Kaiserlich = königlichen, und Königl.
Preußischen, auch Hessen = Casselschen
Armeen wider Frankreich
vom Jahr 1792.

Nebst

vorausgesandter Anzeige der Gründe,
welche die Höfe von Wien und Berlin
zum Kriege wider die französische
Nation bewogen haben.

———

Von

R. S. von Justin
r Kaiserlichen Franziszischen freien Reichs
Akademie Rath und Ehrenmitglied.

══════════
──────────

Regensburg 1793.

So reichhaltig die Jahrbücher der Menschheit in jedem Betracht an erstaunungs-
würdigen Weltbegebenheiten sind, so haben sie
doch kein Beispiel der in seiner Art einzigen
Revolution Frankreichs aufzuweisen. Kein
Wunder also, daß Europa diese außerordentliche Ereigniß seit mehr als vier Jahren mit
Erstaunen und Unwillen betrachtet. Der gesündere Theil der Nationen hatte mit Theil-
nehmung die Zuneigung des Königs von Frankreich gegen seine Unterthanen, seine Gerech-
tigkeitsliebe, sein Bestreben zur Wiederherstel-
lung der Ordnung in der Staatsökonomie und
den Finanzen ꝛc., — mit Aufopferung seiner eignen Vortheile bemerkt. Man hatte gesehen,
daß Ludwig XVI., als seine Bemühungen zur
Erreichung der beßten Absichten ohne den er-
wünschten Erfolg gewesen, — seine Zuflucht
zur Versammlung der Notablen genommen,
und als er auch die, bei solcher gesuchte Hülfe
nicht gefunden, in der beßten Meinung die

Gene-

Generalversammlung der drei Stände zusam=
men berufen habe, um von dieser zu verneh=
nehmen, wie das Reich glücklich zu machen sey.
Das gute Herz des unglücklichen Monarchen
hatte nicht geahndet, daß diese Zusammenbe=
rufung das Signal zur Revolte werden würde:
alleine der 3te Stand verschlang wider Gesetze
und Herkommen, die zwei andern, erregte einen
Aufstand, wobei das Leben des Königs in
Gefahr kam, und fieng seine Gewalthätigkei=
ten damit an, daß er sich **konstituirende Na=
tionalversammlung** zu nennen erkühnte.
Von nun an war die Macht des Königs fast
gänzlich zernichtet, und eine Rotte Bösewich=
ter herrschte unter dem Schutze des niedrigsten
Pöbels. Die Stände wurden verbannt, der
König und seine Familie ihres Erbguts be=
raubt, die Parlamente, höchsten Gerichtshöfe 2c.
vernichtet, die Religion mit Füßen getre=
ten, Gotteshäußer und Altäre umgestürzt,
und die Diener der Religion aufs heftigste ver=
folgt. Das Laster herrschte; viele tausend un=
schuldige Menschen wurden gemordet, ganze
Städte und Provinzen in Aschenhaufen ver=
wandelt, die Rechtschaffenheit in Gefängniße
geworfen, und der Wohlhabende geplündert.
Der Rebellionsgeist, angefacht durch Böse=
wichter, verbreitete sich immer mehr; man drang
in der Nacht vom 5. — 6. Okt. 1789 mit
Gewalt ins Schloß zu **Versailles,** mordete
die Garden am Fuße des Throns, und der
König

König erhielt mit genauer Noth sein Leben.
Diesen augenscheinlichen, und sich täglich mehrenden Gefahren zu entgehen, wollte sich Ludwig an den Gränzen Frankreichs in Sicher-
heit bringen, und protestirte vor seiner Ab-
reise aus Paris wider alles, während seiner
Gefangenschaft von ihm Erzwungene. Die ver-
abscheuungswürdige Stadt **Varennes** hatte
die Verwegenheit den König anzuhalten. Er
wurde unter tausend Gefahren und Mißhand-
lungen nach Paris zurückgebracht, und es blieb
ihm, größern Uebeln zu entgehen, keine Wahl
mehr übrig, als die von aufrührerischen Unterthanen entworfene sogenannte Konstitution
anzunehmen, welche ihn vollends aller Macht
beraubte, und zum Gefangenen machte. Von
nun an war die ganze königl. Gewalt in den
Händen einer Rotte wider die königl. Familie
verschworner Bösewichter. Nun ließen sich
wahrscheinlich noch größere Greuelszenen pro-
phezeien. — Sie erfolgten auch, und
kein Jahrbuch wird Mördertage aufweisen,
wie die vom 20. Juny, 10. August und
2. Septemb. 1792 zu Paris gewesen sind.
Alle Souverains, alle Staaten Europens sa-
hen diese Greuel mit Entsetzen; — aber noch
konnte man nicht glauben, daß die Menschheit
sich so sehr verläugnen könnte, daß diese Rotte
verschworner Franzosen ihren eigenen König
gänzlich seiner Freiheit berauben, und um das
Maaß der Laster zu vollenden, erwürgen würde.

A 3   Denn

Den in der französischen Geschichte auf immer mit Abscheu gebrandmarkten Tag, —
den 21sten Jenner 1793, — und sei-
ne Greuelthaten, erlaubte sich damals der ab-
gehörteste Bösewicht noch nicht zu denken.

Nicht zufrieden im Innern Frankreichs
Greuel zu verbreiten, hatte es sich die herrschende Faktion in diesem Reiche vom Anfange
der Revolution an, zum Gesetz gemacht, seine
Nachbarn zu kränken, Gewaltthätigkeiten aus-
zuüben, und Grundsätze in fremden Staaten
auszustreuen, wodurch jede gesellschaftliche Ordnung zerstört, Ungehorsam der Unterthanen
gegen ihre Obrigkeit geprediget, und Anarchie
verbreitet werden sollte. So vereinigte man
die päbstlichen Grafschaften Avignon und
Venaison, ohne den geringsten Rechtstitel
mit Frankreich. So erklärte man dem Könige
von Sardinien unter nichtigem Vorwand den
Krieg, und eroberte in der Folge das Herzogthum Savoyen, die Grafschaft Nizza,
und verleibte solche dem Reiche ein.

Mit Hintansetzung der heiligsten zwischen
Deutschland und Frankreich bestehenden Ver-
träge und Friedensschlüße wurden deutsche Fürsten und Stände gewaltsamer Weise ihrer in
Elsaß und Lothringen habenden Besitzungen und Rechte beraubt, — und um das
Maaß der Gewalthätig- und Ungerechtigkeiten
voll zu machen, erklärte man Franz II. da-
maligen Könige von Ungarn und Böhmen am

29.

20. Apr. 1792 förmlich den Krieg, ja fieng
zu gleicher Zeit französischer Seits die Feindseligkeiten damit an, daß man die zum deutschen Reiche gehörigen Bißthümer **Lüttich**,
und **Basel**, so wie die ebenfalls zu **Deutschland** gehörigen **östreichischen Niederlande**
feindlich überzog.   Durch diesen offenbaren
Friedensbruch der französischen Nation sah sich
also der König von Ungarn und Böhmen,
nach fruchtlos angewendeten gütlichen Mitteln
den Frieden zu erhalten, genöthigt, Gewalt
mit Gewalt zu vertreiben.   Seine nachmalige
römisch kaiserl. Maj., durch ein enges Ver-
theidigungsbündniß (deme aus reichspatrioti-
schen Eifer der regierende Herr Landgraf von
Hessen-Cassel beitraten) mit des Königs in
Preußen Maj. vereinigt, ergriffen daher in der
mehrfachen gerechtesten Rücksicht die Waffen;
um den König von Frankreich aus seiner Gefangenschaft zu erlösen, — ihn in seine gesetz-
liche Macht wieder einzusetzen, — der Anarchie in Frankreich ein Ende zu machen, —
die, dem bereits angegriffenen gesamten deutschen Reiche, von der französischen Zügellosig-
keit noch ferner drohende Gefahr abzuwenden,
— denen aus ihren Besitzungen und Rechten
in Elsaß und Lothringen entsetzten deutschen
Reichsständen Genugthuung zu verschaffen, —
endlich die Staaten des Oberhaupts des deutschen Reichs und seiner Glieder wider die Franzosen zu schützen, — andere Reiche gegen die

Auf-

Aufwieglungen einer boshaften Rotte zu sichern, und die Staatspolizei von Europa zu handhaben.

Um dem an den Gränzen Deutschlande sich fruchtbar rüstenden Feinde Widerstand zu thun, ließ der König von Ungarn und Böhmen außer der bereits unter den Befehlen des Feldm. Baron von Bender in den Niederlanden stehenden, und in der Folge bis auf 40000 Mann verstärkten Armee, annoch ein frisches Truppenkorps von 18000 unter den Befehlen des Feldzeugmeisters Fürsten von Hohenlohe-Kirchberg aus Ung., Böhm., Oestr. 2c. in in die Gegenden des Rheins, und der Provinz Luxenburg aufbrechen, auch die unter dem Feldmarschall Lieut. Gf Ol. Wallis im Breisgau stehende Mannschaft bis auf 12000 Mann verstärken; ein anderes Korps von 10000 Mann aber unter Kommando der Generale Erbach und Baron Brentano in der Gegend des Oberrheins zusammen ziehen. Zu diesen kam noch die im Churfürstenthum Trier sich formirte Armee der Prinzen Brüder des Königs von Frankreich ohngefähr 10000, und die des Prinzen Conde im Breisgau 7000 Mann stark. Ein Korps von 12000 Mann Hessen-Casselscher Truppen zog sich, den Landgrafen an der Spitze, am Rhein in der Niedergraffschaft Katzenellenbogen zusammen. — König Friedrich Wilhelm II. von Preußen beorderte unter den Befehlen des

taps

tapfern Feldmarschalls des regierenden Herzogs
Ferdinand von Braunschweig eine Armee
von 43 Bat. Inf. 70 Eskad. Kav. 1 Bat.
Jäger, und der nöthigen Artillerie an den
Rhein, welche der Monarch mit dem Kron-
prinzen ꝛc. in eigner Person begleitete. *

Die ersten französischer Seits ausgeübten
Feindseligkeiten geschahen am 29. Apr. 1792,
ohnerachtet dem teutschen Reiche der Krieg nicht
erklärt war, auf die engen Pässe bei Brundrut im Bißthum Basel. Die daselbst postirten 600 Oestreicher unter Kommando des
Hauptmanns Czermac zogen sich, da sie nur
ein vom Fürstbischofe erbetenes Hülfskomand-
waren, bei Annäherung des unter General
Custine anrückenden Korps Franzosen von
10000 Mann, nach Vorderöstreich zurück, —
worauf Brundrut und mehrere andere bi-
schöfl. Orte von den Franzosen besetzt wurden,
welche sie noch diese Stunde inne haben.

Fast zu gleicher Zeit fiengen die ersten
Feindseligkeiten in den Niederlanden an.
Der Plan der Franzosen war; daß, indessen
der Marschall Luckner ** die engen
A 5

Pässe

---

* Die gesammte wider Frankreich angeführte
  Macht läßt sich aus obigen leicht selbst
  berechnen.

** Luckner etliche 60 Jahr alt, ist ein
   Bierbräuers Sohn aus der baierischen
   Grafschaft Cham. Sein Bruder besitzt

Päſſe bei **Bruntrut** einnehmen ließ, er ein
Korps von 8000 Mann unter dem Gen.
Kellermann gegen Luxenburg marſchieren
laſſen ſollte, um die Aufmerkſamkeit der Oeſt:
reicher dahin zu ziehen. Gen. Lieut. la
Fayette ſollte bei **Longwy** 6000 Mann
von ſeiner Armee unter Gen. Rice verſam:
meln, und dieſen damit auf **Arlon** (ſechs
Stunden von Luxenburg) losgehen laſſen,
um von dieſer Seite **Luxenburg** zu bedro:
hen, und die Kommunikation zwiſchen dieſer
Stadt und Namur abzuſchneiden. Mit dem
übrigen Theile der Armee ſollte Lafayette
ſelbſt **Namur** angreifen. Marſchall **Ro-**
chambeau ſollte eine Armee bei Valenciennes,
Dünkirchen und Maubege zuſammen ziehen, —
dem General **Biron** eine Avantgarde von
10000 Mann anvertrauen, und dieſer damit
auf

---

noch das väterliche Hauß daſelbſt. Er
war Anfangs in baieriſchen Dienſten bis
zum Lieutenant avancirt. Im 7jährigen
Kriege diente er unter den Hannoveranern
mit Erfolg, aus Verdruß ve ließ er ſolche
hernach, und trat in Franzöſiſche. Er
fiel bei allen den großen Lobeserhebun-
gen, die man Anfangs von ihm machte,
bei den Jakobinern in Mißkredit, wurde
lange Zeit zu Paris in einer Art Gefangenſchaft gehalten, bis er endlich im Jän.
1793 die Erlaubniß erhielt, — hinzu-
gehen, wohin er wolle]! Sic tran-
ſit gloria in Gallia!

auf Mons losgehen, nach deſſen Einnahme aber gerade auf Brüſſel marſchieren. Der Kommendant zu Dünkirchen, Elbecq, ſollte den General Karl mit 1200 Mann gegen Furnes anrücken laſſen, um die Oeſtreicher von dieſer Seite verwirrt zu machen; indeſſen zu gleicher Zeit von Ryßel aus, Dornick, Ypern, Menin, Cortryck ꝛc. eingenommen würde.

Dieſem ſchön ausgedachten Plane, fehlte nichts, als — eine glückliche Ausführung. Am 29. Apr. mit Tags Anbruch verſuchte der Gen. Theob. Dillon, welcher des Nachts von Ryßel mit 4000 Mann ausmarſchiert war, — Dornick zu überrumpeln, er ſtieß aber bei Bouſſut auf das unter dem Oeſtreich. Gen. Grafen Apponcourt ſtehende Truppen-Korps, von welchem die Franzoſen in die Flucht geſchlagen, bis vor die Thore Ryßels verfolgt, 300 getödtet, 50 gefangen, und eine reiche Beute gemacht wurde. Der unglückliche Gen. Dillon wurde das Opfer dieſer Niederlage, und bei ſeinem Eintritt in Ryßel, nebſt einigen öſtreichiſchen Gefangenen vom Regiment Clerfait, elend ermordet. — Zu eben der Zeit attaquirte Gen. Biron mit 10000 Mann Mons. Das Gefecht begann bei Quievrain, — aber auch hier wurden die Franzoſen vom G. F. M. Lieut. Baron Beaulieu ſo übel empfangen, daß 300 auf dem Platz blieben, 76 zu Kriegsgefangenen gemacht,

macht, * das feindliche Lager gegen 1 Million an Werth erbeutet, ein Mörser und 4 Kanonen erobert, und die Feinde bis in die Nacht, und an die Thore von Valenciennes verfolgt wurden. — Der Angriff auf Furnes lief nach einem kurzen Gefecht bei Coomen eben so unglücklich ab, ob solcher gleich weniger blutig war.

Nach diesen ersten mißlungenen Versuchen, wurden die französischen großen Plane aufgegeben, die gegen Namur im Anzuge begriffene Lafayettische Armee zog sich zurück, und nahm das Lager bei Givet, ** das feindliche Lager bei Maubege wurde bis an diese Stadt zurückgedrängt, und die östreichische Hauptarmee unter dem Herzoge von Sachsen-Teschen, und dem F. M. Bar. Bender bezog das Hauptquartier bei Leuze, gegen Conde.

Außer einem geringen Gefechte zwischen den Vorposten bei Valenciennes und Maubege am 3. May, wo einige Franzosen nebst einem Offizier blieben, fiel mehrere Tage hindurch, (die Plackereien zwischen den äußersten Posten abgerechnet) nichts erhebliches vor, als daß am 6. May einige hundert Feinde bei Annevoy 2 Meilen von Namur Posto faßten.

Der

---

* Hirunter war ein Obristlieutenant von Esterhazy Hußaren.

** Eine französische Vestung in der Grafschaft Namur.

Der französische Marschall Rochambeau *
nahm kurz darauf aus Unmuth über die Vor-
fälle bei Mons, und Dornick seinen Abschied,
und an dessen Stelle erhielt Luckner das Kommando seiner Armee. Der Herzog von Sachs.
Teschen verlegte das Hauptquartier von Leuze
nach Mons — der feindliche Gen. Lafayette
aber faßte Posto zu Rancennes, und ließ
blos Vorposten auf dem östreichischen Gebiete
zurück. Die Desertion unter den Feinden
wurde täglich stärker, unter andern gieng der
größte Theil der Hußaren Regimenter Saxe
und Berchiny mit ihren Offiziers auch das
Regiment Royal Allemand zu der östreichischen
Armee über. — Am 16. May erfuhr der Feldm.
Herzog von Sachsen-Teschen, daß sich feindliche Truppen von der Armee des Marschalls
Rochambeau zwischen Maubege und Valenciennes zusammen zögen, und Detachements
in verschiedene Orte, und namentlich nach
Bavay hätte vorrücken lassen. Es wurde
daher, um deren Stärke zu erfahren, der Oberst
Fischer von Coburg Drag. mit einem Kommando Jägern, Hußaren, Uhlanen, und etwas Infanterie aus dem Lager von Mons beordert, die Feinde zu rekognosziren, und mit
dem

---

* Rochambeau, der sich im englisch ame-
rikanischen Kriege bekannt gemacht hat,
und von dessen Thaten die Franzosen
Wunder hofften.

dem ſtärkſten Theile des Detachements nach
Bavay zu marſchieren, indeſſen die Oberſten
Frhr. von Seckendorf, von Pforzheim
und Gontreolli mit den andern Theilen des
Kommando eine Rekognoszirung auf Lon-
gueville und St. Vaaſt vornehmen würden. Die beiden letzten Detachements trafen
keinen Feind an, und kehrten nach erreichter
Abſicht zurück. Die unter den Befehlen des
Oberſten Fiſcher, und der Maiors Gf. Reg-
tevich und Merfeld gegen Bavay vorge-
rückten Truppen aber, welche den 17ten mit
Tages Anbruch vor Bavay erſchienen, entdeckten einen feindlichen Trupp Infanterie und
Hußaren. Letztere nahmen ſogleich den Rückzug nach Maubege, erſtere aber feuerten aus
den Ritzen der Stadtmauer und dem Gebüſche.
Man ſah ſich alſo genöthigt, einige Haubitzen
in die Stadt zu werfen, und den Angriff von
mehreren Seiten zu formiren. Hierdurch
wurde die Beſatzung bewogen, ſich zu Kriegsgefangenen zu ergeben. Sie beſtand aus 112
Mann Inf. und 4 Offiziers Linientruppen.
Oeſtreichiſcher Seits blieben bei dieſer Unternehmung 1 Hußar und 1 Jäger, 4 Jäger
aber wurden verwundet. Da die Abſicht nicht
geweſen war, Bavay beſetzt zu halten, ſo
zogen ſich die deutſchen Truppen hierauf wieder
ins Hauptquartier zurück.

Als der Kommandant zu Dornick Gen.
Gf. Apponcourt die Nachricht erhielt, daß
ein

ein Korps Franzosen aus Ryßel und Dovay
auf östreichischen Grund und Boden vorgerückt sey, so detachirte derselbe am 20. May.
1200 Mann von der Besatzung zu Dornick,
um die Feinde zu vertreiben. 3000 Mann
wurden aus dem Lager bei Mons (Leuze)
beordert, dieses Korps im Nothfalle zu unterstützen. Alleine beim Anblick der deutschen
Truppen flüchteten die Franzosen nach ihren
Vestungen, und es fielen blos einige unbeteu-
dende Scharmützel vor. Beim Verfolgen hatten indessen die Oestreicher das französische Gebiet betreten, und die Bauern in den feindlichen Dorfschaften **Rumegnies** und **Bleharies** wurden dadurch bewogen, die Sturm-
glocke zu läuten, und die Waffen zu ergreifen.
Sie machten ein anhaltendes Feuer auf die
dießseitigen Truppen aus den Fenstern ꝛc. und
verwundeten den Lieut. le Fevre vom Regiment de Ligne und verschiedene Gemeine. In
Wuth gesetzt durch dieses wider allen Kriegs-
gebrauch laufende Benehmen, stürzten die
Oestreicher über die Bauern her, und was
unter den Waffen ergriffen wurde, ward nieder gehauen. Nach diesem zog das Detachement wieder ab, und nach Dornick zurück.

Die Avantgarde der Armee des feindlichen
General Lieut. Lafayette, unter Anführung
des Gen. Gouvion hatte sich, seitdem das
feindliche Hauptquartier nach Rancennes verlegt worden, am linken Ufer der Maaß postirt.
Die-

Dieses Korps hatte die Absicht, sich nach der Gegend von Florenne zu ziehen. Der bei Charlesroi stehende östreichische Gen. Gf. Sztarray faßte daher den Entschluß dasselbe anzugreifen, welches auch am 23ten früh mit 25 Kompagnien Infanterie und 4 Schwadronen Kavallerie und mit solcher Tapferkeit geschah, daß, ohnerachtet der vortheilhaften Stellung des Feindes, welcher durch einen Holweg und ein dichtes Gehölze gedeckt war, derselbe dennoch nicht allein daraus verdrängt, und der Lagerplatz mit einer ansehnlichen Beute erobert, sondern auch bis an die französische Vestung Philippville verfolgt, und 3 Kanonen, nebst der Lavette zu einer vierten erbeutet wurden. General Sztarray bezog hierauf den vor demGefechte inne gehabten Posten wieder. Feindlicher Seits blieben über 100 Mann auf dem Platz; worunter 3 Offiziers; etliche 70 Mann nebst 10 Offiziers wurden verwundet. Der Feind war nach eignen französischen Berichten 4000 Mann stark. Oestreichischer Seits bestand der Verlust in 10 Todten, und etlich 20 Verwundeten.

Am 27. May fiel abermals eine kleine Affaire bei Conde vor. Es war nemlich die Nachricht eingelaufen, daß das in dem so genannten le cocq postirte feindliche Detachement seit etlichen Tagen verstärkt, und das daselbst aufgeworfene Retranchement mit Kanonen besetzt worden sey. Es wurde daher

bes

beschlossen, die Feinde daraus zu vertreiben.
Zu dem Ende beorderte man eine Division Ungarischer Grenadiers aus dem Lager von Mons, welche, ob sie gleich durch Hecken und Buschwerk dringen mußte, ihren Auftrag dennoch so gut vollzog, daß sie, des Widerstands eines Theils der feindlichen Infanterie ohnerachtet, solche aus dem Retrenchement verdrängte. Die übrigen französischen Truppen hatten bereits die Flucht genommen, um sich in die Vestung zu werfen, allein sie wurden durch eine Anzahl Hußaren unter dem Oestreich. Oberst vom Genie Korps Prinzen de Ligne überfallen, 30 zusammen gehauen, nnd 3 gefangen. Während dem kanonirte man immer heftig, aber fruchtlos aus der Vestung. Die Oestreicher blieben eine Zeitlang im Angesicht der Vestung stehen, zogen sich aber demnächst wieder ins Lager zurück. Dießeits blieb nur ein Mann todt, 6 Grenadiers und 2 Husaren aber wurden bleßirt.

Fast zu eben der Zeit, als diese Affaire bei Conde vorfiel, rückte der Major Stephaicz von Esterhazi Hußaren, mit einem Kommando gegen den Lüttichschen Ort Rochefort vor, woher die Nachricht eingelaufen war, daß die Franzosen eine beträchtliche Menge Haber aufkauften, und mit dem Säckefüllen beschäftigt wären; — erbeutete 364 Säcke mit Haber, und 600 zu weitern Einkauf bestimmte Kronen.

Auf der Seite von Maubege hatten indessen die Franzosen bei dem Dorfe Feignies

B   Posto

Posto gefaßt, von wo die östreichischen Truppen den Feind zu vertreiben, den Entschluß
faßten. Es brach in Gefolg dessen am 30. May
ein beträchtliches Korps auf, diese Unternehmung auszuführen. Die auf dem Lande streifenden französ. Bauern Protrouillen, entdeckten aber die deutschen Truppen, gaben Feuer auf
sie, und verwundeten verschiedene. Erbittert
sich von Bauern mißhandelt zu sehen, hieben
die diesseitigen Truppen alle diejenigen nieder,
so ihnen in die Hände fielen, verbrannten zwei
Höfe, plünderten den größten Theil des Dorfs,
und führten mehrere Wägen Beute mit sich
hinweg. — Am 31. May kamen Tyroler
Scharfschützen bis ins Dorf Crepin. Da sie
es verlassen fanden, machten sie viele Beute.
Alleine man hatte in Conde Nachricht davon
erhalten, und es rückte ein Korps französischer
Reuterei an, um die Scharfschützen zu vertreiben. Bei Annäherung der überlegenen Macht
zogen sich letztere nun zurück, trafen aber ein
Détachement östreichische Hußaren an, kehrten
sich mit solchen von neuen wider die Feinde,
tödteten verschiedene, und trieben die übrigen
bis unter die Kanonen ihrer Vestungen zurück.
Auf die zu Anfang Juny im östreichischen
Hauptquartier eingegangene Nachricht, daß
verschiedene Truppenverstärkungen nebst dem
Marschall Lückner in Valenciennes angekommen; daß der Feind außer dem Lager zu Famars, noch eines auf dem Glacis von Valent

Cenciennes bezogen habe, auch daß die Truppen
in Conde beträchtlich, und erst kürzlich mit
4000 Mann, und vieler Artillerie verstärket
worden, — aus welch allem sich ein neuer
Angriff auf Dornick 2c. vermuthen ließ, er
hielt General Apponcourt Befehl, mit seinem Truppenkorps von Leuze gegen Gau-
rain (Ramekroir) vorzurücken, und allda
das Lager, und eine solche Stellung zu nehmen, daß dem Angriffe des Feindes auf jeden
Fall begegnet werden könnte. Auf der andern
Seite erhielt Gen. Jordis den Auftrag, mit
seinem Korps von Rousselaere nach Menin
oder Courtray zu ziehen, und über die Lys
zu setzen, um dem Feinde bei einem Angriff
auf Dornick in den Rücken oder in die Flanke
zu fallen. Wirklich war auch schon am 9ten
Jun, auf die eingegangene Nachricht, daß
die französische Armee von der Seite von Coi-
sing angreifen würde, die Besatzung von
Dornick, und der Gen. Apponcourt aus
seinem Lager ausgerückt; alleine es kam hier
dießmal zu keinem Gefecht, sondern vielmehr
auf der Seite gegen Maubege. Die Avantgarde der Lafanettischen Armee unter dem Kommando des Gen. Gouvion, welche, wie oben
gesagt worden, sich nach dem Vorfalle bei
Florenne unter die Kanonen von Maubege
zurückgezogen hatte, war neml. neuerdings auf
das östreichische Gebiet vorgerückt, und hatte
6000 Mann stark zu Bouvines und Dinant

B 2   Posto

Posto gefaßt. Der Herzog von S. Teschen hatte Nachricht erhalten, daß der französische Gen. von Maubege aus gegen Mons vorrücken wolle. Se. Königl. Hoheit ließen daher in der Nacht vom 10. auf 11. Juny ein Korps Truppen von beiläufig 6000 Mann unter den Befehlen des Feldzeugmeisters Gfen Clerfait * (auch der Erzherzog Carl und General Brovvne befanden sich dabei) in zwei Colonen gegen Grisnelle ohnweit Maubege vorrücken, und den Feind mit Tages Anbruch angreifen. Das Gefecht dauerte gegen 3 Stunden, und die Feinde thaten tapfern Widerstand, endlich aber wichen sie, * * wurden aus ihrem Lager und von den Batterien vertrieben, und bis nach Maubege gejagt, — welchem allem Lafayette in seinem verschanzten Lager jenseits der Vestung ruhig zusah. Die feindliche Artillerie hätte einen großen Verlust unter den deutschen

---

* Altershalber erhielt der F. M. Baron Bender das Gouvernement von Luxenburg. Der Herzog Albert von S Teschen übernahm das Generalkommando der östreichischen Armee, und diesem war vor kurzen der Gen. F. Z. M. Graf Clairfait als Gehülfe zugegeben worden.

* * Es waren bei diesem Gefechte auch die Generals Pr. von Würtenberg, Bar. Alvinzi, und Lilien gegenwärtig. Letzterer hieb an der Spitze der Uhlanen zuerst ein, und zerbrach seinen Degen dabei.

schen Truppen anrichten können, wäre ihre
Richtung besser gewesen, den es geschahen bei
dieser Aktion über 2000 Stückschüsse, — so aber
blieben in allem nur 36 Mann todt, und 40
wurden verwundet. Das schlechte Wetter und
die üblen Wege hinderten den Feind zu verfolgen, und den erlangten Vortheil besser zu benutzen, daher fielen den östreich. Truppen nur einige Zelte, ein Munizionswagen, und ein Fourage Magazin in die Hände. Den empfindlich-
sten Verlust erlitten die Feinde durch den Tod
ihres Generals Gouvion, welcher nebst zwei
Obristlieutenants durch Kanonenkugeln getödtet wurde. Ferner ließen die Franzosen noch
300 Todte * blos auf dem Schlachtfelde zurück, und 26 wurden gefangen. Wäre die
zweite Colonne der östreichischen Armee, welche über Bettignies anrücken sollte, um dem
Feind in die linke Flanke zu fallen, durch die
üblen Wege aufgehalten, nicht zu spät angekommen, so würden die Franzosen ungleich
größern Verlust erlitten, und wahrscheinlich ihre ganze Artillerie verloren haben, — da ihnen
dadurch der Rückzug abgeschnitten gewesen wäre.

Bisher waren die östreichischen Waffen fast
immer glücklich gewesen, aber nun schien das
veränderliche Kriegsglück ihnen seine Tücke

B 3   auch

---

* Ostreichische Berichte geben den ganzen
französischen Verlust bei dieser Affaire
auf 600 Mann an.

auch fühlen laſſen zu wollen. Nach den Bewe=
gungen der feindlichen Armee des Gen. La a=
yetté von Maubege her, und der des Mar=
ſchall **Luckner** bei Valenciennes, ſchien die
Abſicht der Franzoſen auf Mons und Dornick
allein gerichtet zu ſeyn, und bei der Schwäche
der öſtreichiſch. Armee (da die Verſtärkungen
aus Deutſchland noch nicht angekommen wa=
ren) hatte man die Beſaßungen der Städte
in die verſchiedenen Läger ziehen müſſen. So
war Weſtflandern faſt gänzlich von Truppen
entblößt, und die Beſaßungen bis auf etwas
weniges aus **Menin, Warwyck, Cor=
tryck** ꝛc. herausgezogen. Dieſe Schwäche
ſuchte der Marſchall **Luckner** zu benußen,
zog ein Korps in aller Stille bei Ryßel zu=
ſammen, und brach am 17. Juny in Weſt=
flandern ein. **Menin** war nur mit einer hal=
ben Kompagnie öſtreichiſ. Infanterie beſeßt,
welche dem mit 8000 Mann andringenden
Feinde keinen Widerſtand leiſten konnte, und
ſich zurück zog. Die Franzoſen beſeßten nun
dieſe Stadt, ſo wie auch **Warwyck. Luckner**
zog das Lager des General **Carles** bei Dün=
kirchen 6000 Mann ſtark an ſich, und ſeine
Hauptarmee belief ſich nun auf etliche 20000
Mann. Der Herzog von **Orleans** (Mon=
ſieur Gleichheit) ſeine 2 Söhne, General
Biron und **Beurnonville** befanden ſich bei
der Armee. Dieſe Macht war zu einer Un=
ternehmung auf **Cortryck** beſtimmt. Der
Obriſt

Obrist Mylius stand mit nicht mehr als 800
Mann deutschen Truppen zur Bedeckung in
der Gegend dieser Stadt. Er hatte das Dorf
Wewelgem besetzt, und einige Verschanzungen am Wege aufwerfen lassen. Die
Feinde griffen ihn am 19. Juny von der einen
Seite unter General Jarry mit 2 Bat. Inf.
und 9 Eskad., und von der andern unter Gen.
Valence mit 3 Grenadiers Battaillons an,
während die ganze Lucknerische Armee zum
Soutien in Bereitschaft stand. Dieser überlegenen Macht ohngeachtet vertheidigte sich der
Oberste Milius aufs tapferste, zog sich nicht
eher als bis nach einer hartnäckigen Gegenwehr
in seine zweite Verschanzung zurück, wehrte
sich auch da mit Heldenmuth, und wich nicht
eher, als bis er aus der gar zu großen Uebermacht die Unnützlichkeit eines fernern Wider-
standes ersehen hatte. Er zog sich hierauf in
der besten Ordnung zurück, und verlohr nicht
mehr als 40 Mann, da doch die Feinde einen
Verlust von wenigstens 80 Mann außer den
Verwundeten erlitten hatten. Luckner ließ
das verlassene Cortryck durch den Gen. Jarry mit 5 Bat. und 9 Eskad. auch Ypern
besetzen, * er selbst aber nahm nicht weit

B 4   von

* Die Franzosen zeigten gleich bei dieser ersten Gelegenheit, ihre so sehr gerühmte
Uneigennützigkeit bei Führung des Kriegs,
und daß sie nur gegen die Tyrannen, und
um

von Cortryck das Hauptquartier. Weiter über Cortryck vorzudringen, war dem Marschall, der angewendten Versuche ohnerachtet, nicht möglich: er hatte zwar den Posten beim Dorfe Harlebeck 1 Stunde von der Stadt einge= nommen, aber der Oberst Mylius verjagte die Feinde am 23. Abends mit seinen Jägern wieder daraus, und bei allen Versuchen der Franzosen konnten sie solchen dem wachsamen Mylius nicht wieder abnehmen; vielmehr wur= de Luckner dadurch in eine sehr üble Lage ver= setzt, daß der östreichische Gen. Beaulieu sich mit 6000 Mann zwischen Dornick und Cor= tryck postirte, um dem Feinde den Rückzug nach Ryßel abzuschneiden, und der F. Z. M. Gf. Clerfait mit 12000 Deutschen zur Seite von Menin, und im Gehölze von Sarte Posto faßte. Lafayette wurde dadurch be= wogen, sein verschanztes Lager bei Maubege, bis auf einen geringen Theil, der unter dem Gen. Narbonne (gewesenen Kriegsminister) zurück blieb, aufzuheben, und sich zu Teniers bei Malplaquet auf der rechten Seite der östreichischen Armee zu setzen, so daß die beiderseitigen Armeen einander sehr nahe stan= den.

---

um den Unterthanen die Freiheit zu ver= schaffen, kämpfen, --- deß sie legten der Stadt Crotryck eine starke Kontribution auf.

den. * General Beaulieu näherte sich mit
seinem Korps immer mehr Harlebeck, indeſſen Luckner Cortryck befeſtigen ließ.
Dieſes zu verhindern faßte General Beaulieu
den Entſchluß die Feinde in Cortryck anzugreifen. Es geſchah dieſer Angriff am 24. früh
um 4 Uhr auf die Außenwerke, alleine da
Luckner eine ſtarke Abtheilung Truppen aus
ſeinem Lager unter dem General du Chatelet
der Stadt zu Hülfe hatte anrücken laſſen, ſo
erlangten die Deutſchen keinen weitern Vortheil, als daß den Feinden gegen 100 Mann
getödtet, und ihr General du Chatelet ſchwer
verwundet wurde. — Mittlerweile wurden die
Oeſtreicher immer mehr und mehr verſtärkt;
und da Luckner zu ſchwach war, den occupirten Theil von Flandern zu behaupten, vielmehr befürchten mußte, daß die Beſatzung
in Cortryck abgeſchnitten werden möchte,
ſo faßte er den Entſchluß dieſe Stadt wieder
zu verlaſſen. Dieß geſchah in der Nacht vom
29. auf den 30ſten Juny. General Beaulieu,
welcher davon benachrichtigt worden, brach
ſogleich auf, Cortryck wieder zu beſetzen, und
den Feind an der Spitze eines beträchtlichen
Korps zu verfolgen. Alleine nur etliche 20

B 5　　　　　Mann

---

* Auch hier zeichneten die Franzoſen ihre
Tritte durch den Ruin der von den Grän-
den Henegaus mit ſchweren Koſten er-
bauten Sambre Brücke aus, welche
ſie ſprengen ließen.

Mann von der Armee des sogenanten Bethune-
Charost * wurden erreicht, und zu Gefangenen gemacht. Es schien nun, daß Luckner
sich in Menin fest setzen, und einen Angriff
erwarten wollte, indem er an der Befestigung
dieses Orts Tag und Nacht arbeiten ließ; alleine am 30sten verließ er auch diese Stadt,
und zog sich über Orchies und St. Amand
gegen Valenciennes folglich ganz aus Flandern
zurück. Uebrigens hinterließen die Franzosen
traurige Merkmale ihrer Anwesenheit in Cortryck, indem sie auf eine nicht einmal unter
Barbaren erlaubte grausame Weise, 110 Ge-
bäute in den Vorstädten auf Befehl ihres eignen Generals Jarry in Asche legten, und
dadurch einen Schaden von beinahe 2 Millio-
nen anrichteten.

Um

---

* Bei der Armee des Luckner befanden sich
die beiden belgischen Rebellen Anführer
Rosieres und Bethune - Charost, mit mehreren 1000 Belgiern, Lüttichern, und
Holländern rc. Dieser Graf Bethune will
aus dem alten Geschlechtre der Grafen von
Flandern herstammen; und da bei den je-
zigen Franzosen jeder Rebell, und unru-
hige Kopf, Unterstützung findet, --- so
wurde natürlich dieser der größten Laster, und gefährlichsten Projekte über-
wiesene Sonderling freundbrüderlich von
ihnen aufgenommen.

Um die nemliche Zeit machte der feindliche General Lalemand, welcher in Abwesenheit des Gen. Lieut. Lafayette die gegenseitige Armee kommandirte, einige Bewegungen, die auf Mons zu zielen schienen, aber nichts anders zur Absicht hatten, als dem Marschall Luckner seinen Rückzug aus Flandern zu erleichtern. Mit den Vorposten eben dieses feindlichen Korps fiel am 27. Juny bei Glisonelle eine für die Oestreicher nachtheilige Aktion vor. Es war nemlich ein Zug Blankensteinischer Hußaren mit einem Detachement Jäger und Uhlanen beim Rekognosziren auf 3 feindliche Kavallerie Regimenter gestoßen, welcher Uebermacht der tapfersten Gegenwehr ohnerachtet, die Deutschen weichen mußten. Bei dieser Gelegenheit wurde der Rittmeister Unterberger von Blankenstein Hußaren am Kopfe verwundet, und nebst einem Offizier von den le Loupischen Jägern, und 97 Mann theils getödtet, theils gefangen.

Nach dem nun erwähnten Gefechte, gieng mehrere Tage hindurch nichts wichtiges zwischen den beiderseitigen Armeen. vor; die Franzosen standen in ihren verschanzten Lagern, und die östreichische Armee erhielt immer größere Verstärkungen aus Deutschland. Am 13ten July wurden zwar einige Tyroler Scharfschützen und Uhlanen, welche sich bis Crepin einem französischen Dorfe bei Maubege gewagt hatten, von Nationalgarden und feindl. Dragonern an-

angegriffen, sie vertheidigten sich aber so gut,
daß die Franzosen mit Verlust weichen muß:
ten, sie verfolgten ihre Gegner indessen mit zu
großer Hitze, stießen auf einen Haufen fran:
zösischer Jäger, und mußten sich mit Verlust
von 6 Mann zurück ziehen. — Wichtiger war
der Angriff der nunmehro kaiserlichen Truppen
auf **Orchies**, ein beträchtlicher Posten 4.
Stunden von **Dornick**. Die französischen
Generals Marschall Luckner und Gen. Lieut.
la Fayette waren abwesend, und in deren
Abwesenheit kommandirte Dumourier * die
Truppen in den beiden Lagern bei **Maulde**
und **Famars**, welche durch die abgesandten
Korps in andere Gegenden geschwächt, nur
etwa 8000 Mann ausmachten. Die Kaiſ.
beschloßen den für das Lager zu Maulde wich:
tigen Posten **Orchies** zu überfallen, und weg:
zunehmen. In Gefolg deſſen brach am 14
July Nachts der G. F. M. L. Gf. Baillet de
la Tour mit 1 Bataillon von Bender und
Kinsky Infanterie, nebst 500 Mann Jägern
und 4 Eskad. Dragonern und Husaren aus
dem kaiſ. Lager auf, und fieng am 15ten früh

den

---

* Dieser in der Folge für die deutſchen Waf=
fen ſo fruchtbar gewordene General, war
in ruhigen Zeiten Frankreichs, Marſchall
de camp geweſen, --- im Jahr 1792 war
er kurze Zeit erſt Miniſter der auswär=
tigen Angelegenheiten, und hernach
Kriegsminiſter.

den Angriff mit solcher Lebhaftigkeit an, daß
des fürchterlichen feindlichen Artillerie Feuers
ohnerachtet, um 10 Uhr in die Stadt eingedrungen, 1 Kanone mit einem Pulverkasten
erobert, und etliche 30 Mann gefangen genommen wurden. Der übrige Theil der aus 600
Mann bestehenden feindlichen Besatzung ent-
kam durch ein unbesetztes Thor. Todte mag
der Feind 50 gehabt haben. Kaif. Seits blieb
1 Jäger Major, 1 Artillerie Capitaine, noch
ein Offizier, 12 Kanoniers und 30 Jäger.
Wider Vermuthen verließen indessen die deutschen Truppen Orchies wieder, und der franz.
Commendant Gen. Menaße zu Dovay ließ
es von neuen besetzen. — Noch ehe dieser Angriff auf Orchies geschah, legten die Franzosen auf einer andern Seite wieder einen Beweiß ihres großen Satzes ab: Krieg den
Palästen, Friede den Hütten; — denn
am 11ten July erschien auf einmal ein Haufe
von 1500 in der Gegend von Chimay (im
Hennegauischen) und plünderte nicht nur die
von Truppen entblößte Stadt, sondern auch
alle Dörfer bis auf Meubles und Wäsche aus.
Der Theil der kaiserl. Armee unter dem F. Z.
M. Gfen Clerfait etwa 18000 Mann stark,
rückte hierauf am 17 July auf französischen
Grund und Boden vor, besetzte Bavay,
und schlug das Lager bei Malplaquet *,

da

---

* Berühmt durch den herrl. Sieg, welchen
die Deutschen 1709 unter dem Prinzen

da hingegen der unter dem Gen. F. M. Lieut.
Beaulieu gegen Cortryck vorgerückt gewesene,
in die Läger bei Mons und Dornick zurück
kehrte. Die feindlichen Positionen waren zu
der Zeit folgende: Gener. Carles hatte das
Lager bei Dünkirchen; von da bis Mau-
beuge stunden die la Fayettischen Truppen in
den Lagern zu Maulde, Famars, und
Maubege. Von Luckners Armee kampirte
ein Theil unter Dumourier zu Valenciennes.
Der Haupttheil der französischen Zentral Armee stand unter dem Marschall Luckner bei
Metz, ein Theil derselben unter Kellerman
war gegen Landau marschirt, um diesen
Posten gegen die vom Rhein her anrückenden neuen deutschen Truppen zu decken. la
Fayette befand sich zu Montmedi, und Gen.
Arthur Dillon als Inspecteur der Läger bei
Valenciennes, Dünkirchen, und Givet zu
Valenciennes. Gen. Biron kommandirte
das Lager in der Gegend von Straßburg.

Lafayette hatte mitlerweile sich immer
mehr gegen das Luxenburgische gezogen, und
ein Theil der französischen Truppen, welche
zu Torgny stand, überfiel am 20ten July
das ganz von Truppen entblößte Städtchen
Virton, leerte die kaiserl. Kasse aus, plünderte die Stadt, und die umliegende Gegend.

Die

Die kaiserl. Truppen fiengen daher an zwei
neue Lager eines vor Arlon (6 Stunden von
Luxenburg) und das andere zwischen Longwy
und Montmedy in der Nähe von St. Le=
ger zu beziehen, und ihre Absicht schien auf
Longwy gerichtet zu seyn.   Lafayette fand
sich dadurch bewogen, den Bewegungen der
kaiserl. Truppen zu folgen, und versammelte
die Seinigen zu Villers le Rond, um auf Long=
wy zu marschieren, und da das Lager zu schla=
gen.   Auf diesem Marsche wurden die Fran=
zosen von den Kaiserlichen am 24. 25. 26sten
July beunruhigt, und es fielen zwischen den
beiderseitigen Truppen Scharmützel vor, wo=
bei östreichischer Seits der brave Oberst von
Vay von Esterhazy Hußaren, und feindlicher
Seits des Gen. la Fayette Generaladjutant
Desmottes nebst verschiedenen Gemeinen blieb.
— Bei Namur bezog ebenfalls ein Korps
Kaiserl. Truppen ein Lager.

, Auf der andern Seite wurde am 22. July
ein Trupp kaiserl. Hußaren, welcher sich zu
weit gegen St. Amand gewagt hatte, von
einer Parthei französischer Dragoner angegrif=
fen, vertheidigte sich aber so gut, daß die Fein=
de 6 Todte auf dem Platze ließen, und 3 ge=
fangen wurden. — Bavay, welches seit
dem 17ten von den Kaiserlichen besetzt gewe=
sen war, wurde am 28ten wieder verlassen,
und die Verschanzungen niedergerissen; —

auch

auch konnten die Kaiserlichen bei der Uebermacht des Feindes nicht verhindern, daß Arlon (nachdem das dortige Lager aufgehoben worden) besetzt wurde. Dumourier,
dessen Vorposten im Lager von Maulde
durch die östreichischen Scharfschützen viel litten, sandte in der Nacht vom 2. — 3. Aug.
zwei verschiedne Korps, den beim Dorfe
Bleharies in einer Meierei postirten Hauptmann mit seinen Jägern aufzuheben; alleine
zwei Detachements des einen Korps geriethen
aus Irrthum selbst ins Handgemeng, wobei
gegen 10 Mann todt blieben, und die Jäger
Zeit hatten sich zu retiriren, und das andere
Korps fand die Oestreicher in solcher Bereitschaft, daß nur etliche Jäger gefangen genommen werden konnten, und die Feinde selbst
4 Mann Todte auf dem Platz ließen. — Um
die nemliche Zeit gieng ein beträchtliches feindliches Magazin zu Valenciennes in Rauch auf.

Bis jetzt war der Schauplatz des Kriegs
fast allein in den Niederlanden gewesen, und
kaiserl. Seits blos defensive agirt worden;
nunmehro aber, nachdem die kaiserl. Armee
des F. Z. M. Prinzen von Hohenlohe-Kirchberg sich am Rhein formirt, und das Lager
bei Schwetzingen ohnweit Manheim bezogen hatte, nachdem die Oestreichischen Verstärkungen in den Niederlanden angelangt,
und nachdem die preusischen Truppen im Churfürstenthum Trier angekommen, und ins Rü-
ben-

benachber Lager eingerückt waren, wurde von
den verbundenen Mächten der Offensiv Krieg,
und Angriff Frankreichs beschlossen. * Der
Kaiser und König von Preußen ließen Mani-
feste ausgehen, worinn sie Europa von den
Beweggründen unterrichteten, welche sie zum
Kriege wider die in Frankreich herrschende Partei genöthigt hatten. Des reg. Herrn Herz.
von Braunschweig Durchl. wurden zum kommandierenden General en Chef der sämtlichen
wider Frankreich anrückenden Macht ernannt,
und dieser erließ vor dem Einmarsche in dieses
unglückliche Reich am 25 July eine Erklärung
an die Einwohner, worinn er ihnen die bereits
oben angeführten Beweggründe und Absichten
der verbundenen Mächte bei ihrem Benehmen

C   aus

---

* Die Veränderung der Umstände hatte eine anderweite Bestimmung der Truppen
und des Kommandos der oben S. 8 angezeigten kaiserl. Truppen veranlaßt. Es
ist dieses nöthig anzuführen, um dem Vor-
wurf eines Widerspruchs zu begegnen.
Die kaiserl. Truppen waren zur Zeit des
Einmarsches in Frankreich so vertheilt: 15
Bat. Infant. 16 1/2 Divis. Kavallerie standen unter dem Herzog Albert in den Niederlanden; — 17 Bat. und 6 Divis. unter
dem F. Z M. Gfen Clerfait, — 18 Bat.
und 13 Divis. unter dem Prinzen v. Hohenlohe Kirchberg (mit dem Korps der
Generals Erbach, und Brencano); —
8 Bat und 6 Divis unter dem Gen. Gf.
Oliv. Wallis im Breisgau.

anzeigte, sie aufforderte sich ihrem rechtmäsigen Souverain wieder zu unterwerfen, den ferneren Greuelthaten Einhalt zu thun, und Ruhe und Ordnung zu handhaben; auf welchen Fall ihnen Schutz, Hülfe und Schonung versprechen werde. Im entgegen gesetzten Falle aber, wenn man vorstehendes nicht befolgen, sich an der Person des Königs und seiner Familie ferner vergreifen, und den combinirten, kaif. und preusischen Truppen widersetzen würde, sollten die Widerspenstigen nach Kriegsrecht, und als Rebellen wider ihren König behandelt werden. Man hegte die gewiße Hoffnung, daß diese Erklärung bei einem großen Theile der Franzosen die Rückkehr zu ihren Pflichten, die Unterwerfung an ihren König, und den Prinzen Brüdern desselben bei dem Einmarsch von allen Orten mächtige Parteien zuführen würde. Der Kaiser und König von Preußen wurden in diesen Hoffnungen durch die Versicherungen der Prinzen verstärkt, welche behaupteten, daß ein großer Theil der Nation nur auswärtige Hülfe erwarte, um seine wahren Gesinnungen an den Tag zu legen. In dieser äußerst wahrscheinlichen Voraussetzung, war daher der Plan der verbundenen Mächte in das Innere Frankreichs einzudringen, um dem gutgesinnten Theile der Nation Hülfe, und Gelegenheit zu verschaffen, seine wahren Gesinnungen zu offenbaren, sich mit der Armee der Prinzen zu vereinigen, und so eines Theils die herrschende

Fak-

Faktion zu vertilgen, andern Theils aber den König in seine Rechte wieder einzusetzen. Man wollte sich deswegen mit Belagerung der Grenzvestungen, welches nur Zeit weggenommen haben würde, nicht aufhalten. Man beschloß die Armeen aufsuchen, diese zu schlagen, und nach Paris, dem Hauptsitz des Uebels, und der Greuel zu marschieren. Wenn dieses gewonnen war, so konnte man versichert seyn, daß das Königreich leicht wieder zu Gesetzen, Ordnung, und ihrem König zurück kehren würde, weil Paris der Sitz jener Faktion ist, welche die schwachen Franken in den Provinzen so despotisch regiert, als es in einem monarchischen Staate nur immer der Fall seyn kann, indeß letztere mit ihrer Puppe Freiheit und Gleichheit beschäftigt, es nicht fühlen wollen. — Was zu diesem Plane der verbündeten Mächte noch beigetragen haben mochte, war die persönliche Theilnahme an dem Schicksale des unglücklichen Ludwigs, welches täglich betrübter, und eine schleunige Hülfe nöthig wurde.

Der Anfang des Monats August war nach der Disposition des kommandierenden Gen. en Chef der kaiserl. und preußischen Armeen zum Angriff Frankreichs bestimmt. Drei Armeen waren an den Grenzen Frankreichs versammelt, um zu gleicher Zeit einzurücken, und sich zu gegener Zeit und Ort zu vereinigen: Die preußische unter eigner Anführung des Königs, und des Herzogs von Braunschweig 50000 Mann

stark

stark im Churfürstenthum Trier, mit welcher
sich 7000 Hessen = Caßelsche Truppen, und die
Armee der Prinzen Brüder des Königs von
Frankreich unter ihrer und des Marsch. Broglio
Anführung vereinigte; die kais. Armee des
Prinzen von Hohenlohe= Kirchberg etwa 18000
Mann stark in der Gegend von Manheim, *
und die des F. Z. M. Gsen Clairsait, eben so
stark, welche aus den Niederlanden ** einzu=
rücken beordert war.

Die Preußische Armee rückte durch Deutsch=
Lothringen auf der Seite von Luxenburg zwi=
schen Diedenhofen und Longwy am 18 Aug. in
Frankreich, indessen der kaiserl. General F. Z.
Gf. Clairfait von Namur, Neufchateau, und
St. Hubert aus, zu gleicher Zeit gegen Longwy
aufbrach, um sich mit den preußischen Truppen
zu vereinigen, und F. Z. M. Hohenlohe an
der Saar vorrückte, um den linken Flügel der
Zent=

---

* Prinz Conde befand sich mit seinen 7000
Mann Anfangs auch dabei, wurde aber
hernach zur Breisgauischen Armee beor=
dert. Die Emigranten Armee war folgl.
zu 3 Korps vertheilt worden.

** Die übrigen Truppen der Niederländisch.
Armee blieben unter Kommando des Her=
zogs v. S. Teschen zu Deckung des Lan=
des, und Expeditionen von jener Seite
zurück. Diesem wurde auch das Korps
Emigranten unter dem Kommando des
Herzogs v. Bourbon, Sohn des Prinzen
Conde zugetheilt.

Zentral Armee zu verstärken. Bereits vorher
am 11ten Aug. hatte der Pr. Gen. Erbprinz
von Hohenlohe Ingelfingen mit einem Detachement Fußjäger, Fußeliers und Husaren die
erste Expedition gegen das französische Städtchen Sierk an der Mosel ausgeführt. Er erschien vor demselben am 11ten in der früh,
eroberte es mit dem Degen in der Hand, zog
sich aber nach einigen Stunden wieder aus
dem französischen Gebiethe zurück. 1 Offizier
und 22 gemeine Franzosen wurden getödtet,
1 Offizier und 40 Mann aber zu Gefangenen
gemacht, 1 Kanone, 1 Fahne, 1 Trommel,
und 100 Stück Gewehre erobert. Eine Menge Pulver und Munition, die man in der
Stadt fand, wurde in die Mosel geworfen,
und preußischer Seits blieb nur 1 Husar vom
Regiment Wolfradt. Während dieses Unternehmens rückte eine Schwadron von Wolfradt
gegen Saarlouis um diese Vestung zu beobachten, stieß auf einen feindlichen Vorposten,
und machte 1 Offizier und 8 Gemeine zu Gefangenen. — Am 14ten wurde durch die
Vorposten die Stadt und Schloß Rädema-
chern, * welche bei Annäherung der Preußen
von den Franzosen verlassen worden war, eingenommen, und besetzt. Den 16ten erhielt

C 3   der

---

* Im Lupenburgischen nicht weit von der
Mosel, dem Markgräfl Haus Baaden
zugehörig.

der Erbprinz von Hohenlohe Nachricht von dem Anmarsche eines französischen Detachements, welches hoffentlich Rademachern den Preußen wieder abnehmen sollte. Der Prinz beorderte daher das Fußelier Bat. Renouard, 2 1/2 Compagnien Jäger, und etliche 100 Mann Kavallerie, demselben entgegen zu gehen, dies Corps stieß 3 Stunden von Rademachern bei einem Walde auf die Feinde, worunter auch bewafnete Bauern waren, jagte sie heraus, und hieb einen großen Theil nieder, oder nahm sie gefangen. Der Verlust der Feinde bestand in 50 Todten, und eben soviel Verwundeten, und Gefangenen. — Am 19ten Aug. stieß der General Erbpr. v. Hohenlohe zwischen Rumulange und Grune auf die feindlichen Vorposten, griff solche mit den Füßeliers Bataillons **Forcade, Schenke, Legat** und **Renouard**, 3 Kompagnien Jägern, und den beiden Hußaren Regimentern **Eben** und **Wolfradt** * an, tödtete 150, nahm eben soviel gefangen, erbeutete 142 Pferde, und verfolgte die Franzosen bis an ihr Lager bei Fontoi. * * Preußischer Seits blieben bei diesem Vorfalle 3 Mann, —

1 Of-

---

* Der damalige Obrist von **Wolfradt**, und Rittmeister v. **Erichsen** zeigten hierbei viele Bravour. Auch wurde zur Belohnung der Erstere zum General Major, und Letzterer zum Major avancirt.

* * Bei Montmedy und Longwy.

2 Offizier, ein Wachtmeister und 8 Gemeine
aber wurden verwundet. Nach dieser Aktion
fand sich der Feind bewogen, seine beiden
Lager bei Richmond und Fontoi aufzuheben,
und hinter Metz in das Lucknerische bei Fres-
cati zurück zu ziehen, so wie Kellermann auch
das Seinige bei Weißenburg verließ, und sich
der Lucknerischen Armee näherte. Zu eben der
Zeit wurde der feindliche General Lieut. la
Fayette, dessen Armee hinter dem Chierefluße
zwischen Moußon und Stenay kampirte, nebst
noch 3 französ. Generals und 20 Offiziers als
Kriegsgefangene eingebracht, und samt seinem
Gefolge nach Namur geschickt. * Dumourier
erhielt hierauf das Kommando der la Fayettischen Armee.

Der Herzog von Braunschweig um sich
den Weg gegen die Hauptstadt zu bahnen,
beschloß vor allen Longwy zu belagern,
und zu erobern. Es marschierte daher die

C 4   preu-

---

* Er wurde vom Gfen Harnoncourt, Ba-
pitaine der Limburger freiwilligen, von
dem Korps des Herzogs von Bourbon
zu Richmond bei Bouillon gefangen genommen, als er auf dessen Vorposten
gestoßen. Für Vogelfrei, und als Ver-
räther von eben der Nation erklärt, welche ihn vor kurzen noch in Himmel erhoben, mußte dieser sonst brave Mann sein
Heil in der Flucht suchen. La Fayette
sitzt nunmehro auf der Zitadelle zu Mag-
de-

preußische Hauptarmee nachdem sie den 18ten
das Lager bei Montfort 1 Meile von Luxenburg verlassen hatte, über Battenburg den
19ten bis Tircelet, und den 20sten bis in die
Gegend von Longwy, wo sie das Lager bei
Coutry, 1/2 Meile von der Vestung nahm.
Der Prinz von Baaden setzte sich mit seiner
Brigade bei Merch 3000 Schritte von der
Stadt. Der König und Herzog von Braunschweig rekognoszirten die Vestung von weiten, und erwarteten das kaiserl. Korps d'Armee unter dem F. Z. M. Gfen Clerfait.
Dieses traf noch neml. Tags ein, und nahm
das Lager mit dem linken Flügel an Cosne,
und mit dem rechten gegen das Defilee, welches
auf einer Seite der Stadt herunter läuft;
und nun war Longwy ganz eingeschlossen. Es
wurde beschlossen die Stadt zu bombardiren,
falls aber dieses nicht fruchten sollte, sie
förmlich zu belagern. Am 21ten rekognoszirte
der

---

deburg. Er ist ein Schüler des ameri-
kanischen Freiheitsgenerals Waßinghton,
hat sich im Englisch-amerikanischen Kriege
sehr hervorgethan, spielte eine Haupt-
rolle bei der französischen Revolution,
setzte, wie man behauptet, dabei den größten Theil seines Vermögens zu, und zur
Belohnung für alles das dürfte er froh
seyn, sein Leben durch die Flucht retten
zu können. So gewiß ist es, daß man
auf die Gunst lasterhaften Menschen
nicht rechnen kann.

der Herzog, und der Gf. Clerfait mit dem
preußischen Obersten v. Tempelhof die Vesiung
genauer, und der Kommendant wurde noch
diesen Tag aufgefordert; da dieser aber die
Uebergabe verweigerte, ließ der Obrist Tempelhof Batterien aufwerfen, welche durch
ein kaiserl. Grenadiers Battaillon, und 1 von
Hohenlohe bedeckt wurden. Das Bombardement fieng 11 Uhr Nachts an, und bis 3 Uhr
früh waren 100 Bomben in die Stadt geworfen. Die Finsterheit der Nacht, und
der Regen verhinderten die Wirkung und die
Distanzen genau wahrzunehmen, daher viele
Bomben über die Stadt weg giengen, und
man gegen den Tag nur einzelne noch spielen
ließ. Mit Tages Anbruch aber rekognoszirte
der Oberst Tempelhof noch einmal so genau
als möglich und nun gieng um 5 Uhr das
Bombardement von neuen so lebhaft an, daß
von 6 — 7 Uhr 300 Bomben mit solchen
Erfolg in die Stadt geworfen wurden, daß
an mehreren Orten, in Magazinen rc. Feuer
entstand. Der Feind machte zwar ebenfalls
ein lebhaftes Feuer, that über 100 Kanonen-
Schüße, und warf mehr als 50 Bomben,
jedoch ohne sonderlichen Erfolg. Es wurden
nur 1 Kanonier getödtet, 2 Bombardiers aber
verwundet. Der Oberst Tempelhof ließ hierauf mit dem Bombardement inne halten, und
die Stadt wurde noch einmal aufgefordert,
im Weigerungsfalle aber alle Anstalten getrof-
C 5 fen,

fen, am 23ten das Bombardement mit noch größerer Lebhaftigkeit fortzusetzen; alleine Nachmittags kapitulirte der Kommendant de la Vergne. Nach dieser Kapitulation zog die Garnison, etwa in 2000 Mann Inf. und Husaren bestehend, mit allen Kriegsehren am 24sten aus, streckte vor dem Thore das Gewehr, legte Flinten, Säbel, Patrontaschen, und die National-Kokarden ab, und wurde unter dem Versprechen im gegenwärtigen Kriege nicht mehr zu dienen, ins Innere des Königreichs zurück geschickt. Longwy wurde hierauf halb mit Preußischen, und halb mit Oestreichischen Truppen besetzt. Die französischen Prinzen hielten einen feierlichen Einzug. Man fand in der Vestung außer der Kriegskasse 74 Kanonen, 18 Mörser, 2000 Säcke Mehl, 134 Ochsen, viele Munition ꝛc. Die Ortschaften mehrere Meilen im Umkreis schickten ihre Waffen an die kombinirte Armee und unterwarfen sich.

Der Mordbrenner Cortrycks, Gen. Jarry, welcher aus dem feindl. Lager zu Bouloi desertirt war, wurde um diese Zeit zu Grevenmachern arretirt, und nach Luxenburg gebracht.

Nach der Einnahme von Longwy blieb ein Theil der preusischen Armee bis den 27. Aug. im Lager bei Crouville, und das Hauptkorps vor Longwy. Am 27ten aber brach man auf, gieng über Etain, und nahm am 30sten das Lager vor Verdün. Am 31sten ließ der

Her-

Herzog von Brannschweig den Kommendanten Beaurepaire zur Uebergabe der Vestung
aufforbern. Es wurde abgeschlagen. Man
ließ nun des Abends Trancheen verferti-
gen, und Batterien aufpflanzen. Um 1 Uhr
Nachts machte die Batterie des Erbprinzen
von Hohenl. Ingelfingen eine falsche Kanonabe
auf die linke Seite der Stadt, um 2 Uhr
aber fieng Gen. Kalkreuth an, die Citabelle,
und der Herzog die Mitte der Stadt zu beschies-
fen, woburch an verschiedenen Orten Feuer
ausbrach. Den 1. Sept. wurde die Stadt
nochmals aufgefordert; und da sie sich noch
nicht ergab, setzte man das Bombardement
bis den 2ten Mittags fort, wo sich der Kommendant 9 Stunden Bedenkzeit ausbath, und
nach dieser Zeit die Stadt * übergab. Die
Garnison 3000 Mann stark, erhielt in der
Kapitulation freien Abzug mit Ober- und Un-
tergewehr, auch 4 Bataillonsstücke. Man
sand in der Stadt einen großen Vorrath an
Munition, Proviant c. Der Kommendant

er-

---

* Verdün liegt auf dem Wege nach Paris,
rechts von Toul, welches die Parisee
Landstraße von Straßburg aus ist. Von
Longwy aus geht die Straße nach Verdün, ob man gleich dieses auch links lie-
gen lassen kann. Von Verdün kömmt man
nach Ligny, von da nach Bar le Duc,
welches auf einem hohen Berge liegt, und
zwar keine Vestung ist, aber leicht befe-
stigt

erschoß sich noch vor der Uebergabe. Uebrigens blieben feindlicher Seits nur 6 Personen, von den Preußen wurden 3 Mann nebst 1 Feldwaibel in den Trancheen erschossen, 1 Ingenieur Offizier aber ertrank im Graben. — Am 3ten Sept. hob der Maj. v. Velten von Eben Huß. mit einem Kommando zu St. Michel ein feindl. Detachement auf, welches eine Kriegskasse eskortirte, — erbeutete eine beträchtliche Summe in Aßignaten, und bekam 1 Oberstlieut, 3. Offizier, und 60 Gemeine gefangen. G. L. Courbiere ward Kommand. von Verdün. — Am 4ten gieng die Armee in 3 Kolonnen über die Maas, der König nahms Hauptquart. zu Regres, — und das vom Feinde verlassene Varennes wurde besetzt. Am 6ten Sept. rekognoszirte der König bis nach Clermont, wurde aber, ob gleich die Feinde nicht weit davon standen, keine Franzosen gewahr.

Wäh-

stigt werden kann. Von Bar komt man nach St Diziers, von St. Diziers nach Vitry le Francois, von da nach Chalons, von da nach la Ferte sous Iouarre, herunter abwerts gegen Dormans, von da nach Maux, und von hier aus ist noch eine Tagreise nach Paris --- Man glaubte daher die Preußen bald in dieser Hauptstadt zu sehen, --- alleine es war im Rathe der Vorsicht anders beschlossen.

Während die preußische Armee von Long
wy gegen Verdün vorgerückt war, und diese
Stadt eroberte, hatte sich der F. Z. M. Gf.
Clerfait mit seinem Truppenkorps immer mehr
gegen Montmedy gewendet, und am 31sten
Aug. eine Rekognoszirung des feindlichen Las
gers bei Stenay vorgenommen. Bei dieser
Gelegenheit fielen verschiedene Scharmützel vor,
wobei sich hauptsächl. der Major v. Libknecht
von Coburg Dragoner, und der Rittmeister
Peche auszeichneten, da sie in dem einen Ge
fechte mit wenigen Truppen gegen eine überle
gene Macht stritten, und doch 13 Mann Fein
de gefangen nahmen, in dem andern aber 35
Mann erlegten, 5 Gefangene und 5 Pferde
Beute machten. Bei allen diesen Gefechten
verloren die Kaiserl. nicht mehr als 2 Mann,
und 3 wurden verwundet. Nach diesen obgl.
an sich unwichtigen Gefechten, rückte Cler
fait gegen Stenay selbst an. Die Fran
zosen, welche in der Stadt lagen, thaten ei
nigen Widerstand, welcher ihnen 40 Todte,
und 20 Gefangene kostete, worauf diese Stadt
besetzt wurde. In der ganzen Gegend wurde
das Volk entwaffnet, und die Armee bezog das
Lager bei Baulon. — Mittlerweile erhielt der
der König von Preußen Nachricht, daß Luck
ner, Kellermann und Dumourier soviel Trup
pen, als nur immer möglich an sich zögen,
daß sie eilten die Länge der Gebürge von St.
Menes

Menehould zu besetzen, um dem weitern
Vordringen der preußischen Armee Einhalt zu
thun, und daran arbeiteten ihre Vereinigung
bei Chalons zu Stande zu bringen, und dort
den Angriff zu erwarten.   Der Herzog von
Braunschweig ertheilte daher der Armee des
F. Z. M. Clairfait, und jener des Fürsten v.
Hohenlohe-Kirchberg, die im Lager vor Riech-
mond stand, Befehl aufzubrechen, und sich
mit der preußischen Armee zu vereinigen, um
sich den Weg nach Chalons und gegen die
Hauptstadt mit vereinten Kräften zu öfnen.
Der Tag zum Aufbruch der kombinirten Armeen war auf den 11. Sept. bestimmt, und
die damalige Stellung derselben folgende: die
preußische Hauptarmee stand im Lager zu Regres bei Verdün, — der Erbprinz von Hohenlohe, bei Sivri la perche, — Gen. Kalkreuth
bei Montfaucon, — F. Z. M. Gf. Clairfait
mit seinem Korps d' Armee bei Romagne, —
die Hessen bei Marne, und Fürst Hohenlohe
Kirchberg war mit seinem Korps auf dem
Marsch von Richmont her, zur Hauptarmee.
  Ehe ich aber in der Anzeige der fernern
wichtigsten Unternehmungen der kombinirten
Armeen in Frankreich, worauf die Aufmerksamkeit fast von ganz Europa gerichtet war,
fortschreite, ist es nöthig zuvor dasjenige anzuführen, was bis zu diesem Zeitpunkte bei
dem kaiserl. Truppenkorps des F. Z. M. Pr.
v. Hohenlohe vorgegangen war.   Nachdem
                                    neml.

neml. diese Armee ihr Lager bei Schwetzingen verlassen hatte, gieng sie am 1. Aug. in 3 Kolonnen, unter Anführung des Generals en Chef, des G. F. M. Lieut. Pr. v. Waldeck, und des G. F. M. L. Esen d'Alton, 14 Bat. und 20 Eskadrons stark, über den Rhein, und nahm das Lager bei **Walsheim** in der Gegend von Speyer, und den 2. Aug. bei **Lingenfeld**, mit der Fronte gegen **Landau**. Den 3ten wurde eine Rekognoszirung vorgenommen, um zu erfahren, wie der Feind stehe. Zu dem Ende brachen 3 Kolonnen aus dem Lager bei Lingenfeld auf; die erste in 400 Mann bestehend, führte der Fürst von Hohenlohe selbst. Sie gieng über Bellheim nach Rülzheim, stieß auf die feindlichen Vorposten, vertrieb sie, und behauptete das Dorf. Der Feind floh über Rheinzabern nach Lauterburg. Man hieb 25 auf der Stelle nieder, und nahm 12 gefangen; 2 Offiziers der Nat. Garde wurden getödtet. Von Rülzheim zog der kom. Gen. nach Knittelsheim, wo man auf das Korps des Generals Broglie und Custine stieß, das sich eiligst auf den Dam bei Offenbach zurück zog, die Feinde flohen aber so schnell, daß es nicht möglich war sie zu erreichen, man mußte sich daher mit Eroberung 1 Regimentsstandarte, und des Lagers begnügen. Durch Knittelsheim zog man nach Zieskam, und stieß da auf die zweite Kolonne, welche an der Queich Posto

gefaßt hatte, um die allenfalsige Retraite des
Prinzen v. Hohenlohe zu decken. Beide giengen nun ins Lager zurück. Die 3te Kolonne
unter dem Obrist Lieut. von Wagenheim von
Wurmser Hußaren war über Lustadt, Fischlin-
gen, und Edesheim, und von da auf Ober-
Eßingen marschiert, wo sie einen Spion
des Gen. Kellermann antraf, und von diesem
erfuhr, daß Kellermann sich in Offenbach be-
finde. Indem der Obrist Lieut. diese Nachricht
einzog, kam ein feindliches Korps vom Offen-
bacher Damm, ihn anzugreifen, wurde aber
mit Verlust von 4 Gefangenen zurück getrieben, mit dem Säbel in der Faust attaquirt,
noch 25 getödtet, und 13 gefangen * Der
ganze französische Verlust bei diesen Schar-
mützeln bestand in 50 Todten, (worunter
3 Offiziers) 15 Gefangenen, 44 erbeuteten
Pferden, und 1 Standarte. Oestreich. Seits
blieb 1 Korporal und 3 Gemeine auf dem
Platze, — Oberl. Bar. Einsiedel mit 2 Kor-
porals und 14 Gemeinen auch 13 Pferde wurden verwundet. Der Feind war bei Offenbach
3000 Mann stark.

Am 4. Aug. verbreitete sich die Nachricht,
die feindliche Armee wäre von Weingarten
her im Anzuge gegen die Kaiserlichen; —
als

---

* In den französischen Zeitungen und Berichten wurden diese Scharmützel, als
eben so viele Feldschlachten geschildert.

als es sich aber, nach einer angestellten Rekognoszirung falsch befand, rückten die Deutschen wieder ins Lager ein. — Das abgetheilte Korps der Generals Gf. Erbach und Bar. Brentano, welches in der Gegend bei Philippsburg gestanden hatte, gieng an diesem Tage über den Rhein, und nahm mit 5 Bat. und 6 Eskad. das Lager zwischen Heiligenstein und Schwingenheim. Den 6ten Aug. kam Prinz Conde, dessen Avantgarde in Edesheim und Edenkoben angelangt war, nach Neustadt (an der Hardt) und mit diesem Korps vereinigte sich noch die Mirabeausche Legion, welche über den Rhein gegangen war. — Da nach eingegangenen Nachrichten der Feind sich im vesten Lager bei Arxheim befand, so brach die kaiserliche Armee in der Nacht von 6 — 7 auf, um seine Position bei Dammheim Landau gegen über zu nehmen, und die feindliche Armee anzugreifen. Die Avantgarde wurde vom General en Chef mit dem Prinzen v. Waldeck und dem Gfen Kollonitz, die Armee selbst aber vom Gfen d' Alton geführt, das Hauptquartier war vor Eßingen, und die Kroaten patrouillirten bis vor die Thore von Landau, alleine da die Franzosen sich bereits nach Weißenburg und Lauterburg zurück gezogen hatten, so war die Absicht nicht zu erreichen; da nun diese blos gewesen war, die feindliche Armee aufzusuchen, nicht aber Landau zu belagern, so zog sich der Prinz von

D   Hohen=

Hohenlohe, wiederholten Ordres des Herzogs v. Braunschweig zu Folge, nach Neustadt, um an eine fernerweite Bestimmung zu gehen; Prinz Conde aber gieng mit seiner Armee, der Mirabeauschen, den Bartenstein und Schillingsfürstischen Legionen nach Speyer, um daselbst über den Rhein und an seine Bestimmung ins Breisgauische anzurücken, — Gen. Lieut. Erbach aber bezog ein neues Lager auf den Anhöhen hinter Lingenfeld, und besetzte die Brücke bei Germersheim.

Die Hohenlohische Armee blieb nun bis zum 13ten Aug. im Lager bei Neustadt stehen, wo sie aufbrach, und ihren Marsch über Lautern, Homburg ꝛc. an die Lothringische Grenze gegen die Saar, wo der Preußische General Köhler mit 2 Bat. und 1 Reg. Huß. stand, fortsetzte. Letztere hatten mit den Besatzungen zu Diedenhofen und Saarlouis schon mehrere Scharmützel gehabt, und unter andern eine franz. Patrouille von 50 Mann theils zusammen gehauen, theils gefangen genommen, am 14ten Aug. aber bei Werden, nachdem sie über den Fluß gesetzt, ein feindliches Detachement angegriffen, 1 Mann getödtet, und 2 zu Gefangenen gemacht. — Das Korps der Generals Erbach und Brentano blieb nach dem Abmarsch der Hohenlohischen Armee noch im Lager bei Lingenfeld zurück.

Die Hohenlohische Armee rückte indessen immer an der Saar fort, um den linken Flügel

gel der kombinirten Zentral-Armee zu verstärken. Am 19ten hatte sie das Lager bei Bel-
derfeld, und bis zum 22sten zu Merzich. Von
da brach sie nach Römich im Luxenburgischen
auf, und hierauf rückte sie gegen die Vestung
Diedenhofen zwischen Metz und Luxenburg
an, deren Belagerung, nach der Einnahme
von Longwy beschlossen worden war. Zu dem
Ende stießen auch mehrere tausend Mann von
der Emigranten-Armee zu dem Hohenlohischen
Heere. Kellermann, welcher das Kommando
der Lucknerischen * Armee übernommen, hatte
nach der Einnahme von Longwy das Lager
von Richmont verlassen, und dieses wurde von
dem Fürsten von Hohenlohe und der Emigranten-Armee bezogen, demnächst aber Diedenhofen vom 24sten Aug. an, eng eingeschlossen
gehalten. Mit den Belagerten waren mehrere
kleinere Scharmützel vorgefallen, und auch
einzelne Bomben in die Vestung geworfen
worden, die förmliche Belagerung aber, weil
das schwere Geschütz noch nicht angekommen
war, noch ausgesetzt geblieben. Schon am
1sten Sept. war auf die erste Aufforderung
von dem Kommendanten Gen. Felix Wimpfen
eine abschläglich Antwort erfolgt, es wurde
also am 4ten die Stadt zum zweitenmale aufgefordert, und als die Antwort wieder ver-
neinend ausfiel, die folgende Nacht in der

D 2

Ges

---

* general - Armee.

Geschwindigkeit Batterien hergestellt, und
das Bombardement mit 6 — 12 Pfündern
auch Haubitzen durch den Obristen von Funk
lebhaft angefangen. Die Absicht war indessen
blos die Vestung zu beängstigen, und die
Schwierigkeit bei diesem Unternehmen desto
größer, da Diedenhofen durch Kunst und Na=
tur ohnehin vest, eine starke Besatzung zur
Vertheidigung hatte. Auch dehnen sich die
Außenwerke über 600 Schritte aus, nnd be=
streichen eine Plaine von 2000 Schritten, wo
folgl. keine Brustwehr erbaut werden konnte.
Zudem war in dem dortigen leimigten Boden,
bei anhaltenden Regenwetter das Geschütz zu
tief eingedrungen, und hatte keine rechte
Spielung. Alle diese Schwierigkeiten, und
das lebhafte Feuer aus der Vestung bewogen
daher den Fürsten von Hohenlohe gegen Tages
Anbruch mit dem Bombardement inne halten
zu lassen. Der Verlust der Kaiserlichen be=
stand dessen ohnerachtet nur in 15 Todten und
16 Verwundeten. Das Empfindlichste war
indessen, daß der tapfere General Prinz von
Waldeck, * welcher sich zu sehr gewagt hatte,
den linken Arm durch eine Kanonenkugel ver=
lor. Der Artillerie Obrist Funk von Senf=
tenau,

---

* Zum Vergnügen aller braven Oestreicher
ist der Prinz, so wie die zwei andern
bei diesem Bombardement verwundeten
Offiziers glückl. wieder hergestellt worden

tenau, und der Major de Vaux vom Genie
Korps wurden ebenfalls, und zwar letzterer
an der Seite des Fürsten von Hohenlohe verwundet, so wie den selbst dieser eine leichte Con-
tusion am Knie erhielt. Aus den eignen Berichten der Franzosen, ist indessen zu ersehen gewesen,
daß der Verlust der Belagerten ungleich beträchtlicher gewesen, auch die Bomben in der
Stadt verschiedentlich gezündet hatten. Ue-
berhaupt wollte man die Vestung schonen, und
durch Beängstigung ohne großen Schaden
zu verursachen, zur Uebergabe, wie Longwy
bewegen. Da dieses aber nicht fruchtete,
vielmehr die Belagerten häufige Ausfälle thaten, um die Werke der Belagerer zu zerstören,
so war, nachdem das Belagerungsgeschütz aus
Luxenburg angelangt, die Nacht vom 8 — 9
vestgesetzt, die Vestung aufs neue und heftigste zu beschießen. Indem nun alle Anstalten
dazu getroffen wurden, erhielt der Fürst von
Hohenlohe vom Herzoge von Braunschweig
die Ordre, mit dem größten Theile seiner Armee und der Kavallerie der französischen Prinzen aus dem Lager von Richmond aufzubrechen, um über Etain, Conslans gegen Neuville vorzurücken, und eines Theils zu dem
großen Schlage, welchen die kombinirten Armeen gegen die französischen Generale bei Chalons vor hatten, mitzuwirken, andern Theils
aber dem Herzoge von Braunschweig den Rücken zu decken. Die Blokade von Diedenho-

D 3   sen

sen blieb den übrigen Truppen der Emigranten - Armee, * und dem Korps der Generals
Erbach und Brentano überlassen, welche Ordre erhielten, aus ihrem Lager bei Lingenfeld
über Neustadt, Lautern, Homburg ꝛc. nach
Diedenhofen aufzubrechen, die Gegend um
Linzenfeld und Speyer aber wurde blos mit
2 Bataillons Maynzer Truppen, und 800
Mann Kaiserlichen besetzt.

Die Nachrichten, daß die Generals Luckner, Kellermann und Dumourier soviel Truppen, als nur möglich an sich zögen, und eilten der kombinirten Armee das weitere Vordringen in Frankreich zu verhindern, hatten den
Herzog von Braunschweig bewogen, den Befehl zur Vereinigung mit der Clerfaitischen,
Hohenlohischen, Heßischen, und einem Theil
der Prinzen Armee zu geben, und der Aufbruch aller dieser Truppen war auf den 11ten
Sept. bestimmt. Durch die Einnahme von
Verdün waren die französischen Generals genöthigt worden, ihre Stellungen zu verändern.
Der indessen zum Generalissimus der französ.
Armeen ernannte Luckner zog ansehnliche Läger
bei Soisfons u. Chalons zusamen, u. Kellermañ
verließ daß Lager bei Richmond, und zog sich
über Bar le Düc an den Argonner Wald,
indeß zu gleicher Zeit Dumourier die in Franz.
Flan-

---

* Die Nachrichten vom Verfolge dieser Belagerung werden weiter unten folgen.

Flandern und Hennegau zerstreuten Truppen sammelte, und von Sedan ebenfalls die Argonnen zu erreichen suchte. Die französische Generale hatten also eine sehr vortheilhafte Stellung, welche die ganze Länge des von St. Menehould bis Vouziers ziehenden Gebürgs einnahm. Sie waren allenthalben von Waldungen, Hohlwegen und Tiefungen gedeckt, und der Natur hatte die Kunst noch ansehnliche Verschanzungen beigefügt. Das französische Heer formirte 3 Treffen von denen Dumourier das zwischen Grandpres und Marque stehende Korps kommandirte. Dieses hatte en Fronte den Fluß Ayr, hinter sich die Aisne, und rechts und links undurchdringliche Holzungen, auf der linken Flanke war der wohlbesetzte Posten zu Croix aux Bois mit Verschanzungen und einem starken Verhaue umgeben, und die rechte Flanke durch den wichtigen Posten Hilletes zwischen Clermont und St. Menehould vertheidigt. Durch diese Bewegungen des Feindes waren indessen die Westungen Diedenhofen, Metz und Sedan völlig Preis gegeben, und wenn die Absicht der verbundenen Armee nicht gewesen wäre, so schleunig als mögl. in das Innere Frankreichs einzurücken, wo man auf eine mächtige Partei des Königs und der Prinzen rechnete, so würde die Belagerung dieser Westungen keinen Schwierigkeiten unterworfen gewesen seyn. Die Ausführung des obgedachten Plans

D 4

aber,

aber, war auserordenlich schwer, da der Feind
in seiner vortheilhaften Stellung im Argoñer
Wald en Front nicht angegriffen werden
konnte, und auch nicht leicht zu tourniren
war; Kriegslist und Muth halfen indessen,
das Letztere auszuführen. — Die preusische
Hauptarmee brach am 11ten aus dem Lager
bei Regres über Montfaucon und Romange
auf, und nahm am 12ten das Lager bei Landres, die Avantgarde des Prinzen von Hohenlohe aber rückte nach Somerance vor. Bei
dieser Gelegenheit überfielen die leichten Truppen die Eskorde eines Brodtransports, welcher
von Clermont nach St. Menehould zur feindl.
Armee geführt werden sollte, tödteten 20 und
nahmen 80 Mann Linientruppen gefangen.
Der Preusische Verlust bestand in 2 todten
Hußaren, einige wurden bleßirt, und 1 vermißt. — Man lenkte die Aufmerksamkeit
des Feindes soviel mögl. gegen St. Michel,
Clermont, und Paßavent, indeß die Kaiserl.
Armee des G. F. Z. M. Clerfait am 11ten
das Lager von Romagne verließ, und sich auf
die Anhöhen, welche Baricourt und Besancy
beherrschen, setzte, und das Hauptquartier nach
Nouart verlegte. Clerfait vereinigte sich
hierauf mit einem Theile der preusischen Armee
unter Gen. Kalkreuth, und beide setzten
am 12ten ihren Marsch durch Besancy gegen die durch französische Truppen besetzten Pö-
sten fort, davon ein detachirtes Korps mit
der

der preußischen Kolonne an dem Ausgange
eines Gehölzes handgemein wurde. Die öst:
reichische Armee stellte sich sogleich in Schlacht:
ordnung, und machte einige Bewegungen,
während dem der Feind aber wieder verschwand;
nur einige Pikets von Hußaren und Jägern
hatten kleine Scharmützel mit den Vorposten,
und die Oestreicher drangen bis Croix au bois
vor, wodurch der Posten schon einigermaßen
tournirt war. Dumourier, dem an diesem vor:
theilh. Posten viel gelegen seyn mußte, ließ am
14ten früh mit ohngefähr 6000 Mann die Oestr.
darinn durch den Gen. Chazot attakiren, und da
die kaiserl. Truppen Anfangs zu schwach waren,
mußten sie etwas weichen, wurden aber durch
2 Bat. und 2 Eskadrons verstärkt, ja ten
den Feind zurück, und zwangen ihn wieder
über den Fluß Aisne zu gehen. Die Feinde
verloren etl. 160 Mann an Todten, die dis:
seitigen Truppen hingegen nur 30, Theils
Todte, Theils Verwundete, unter welchen
4 Offiziers. Einen empfindlichen Verlust er:
litten jedoch die Kaiserlichen durch den Tod des
Obersten des Genie Korps Prinzen Carl von
Ligne, welcher sich zu sehr ans feindliche
Geschütz wagte, und durch eine Kartetschen:
kugel getroffen wurde. * Nach diesem mißlun:
D 5 genen

---

* Sein Muth und kriegerischen Talente
sind aus dem letzten Türkenkriege noch in
frischen Gedächtniß

genen Verſuche verließ Dumourier in der Nacht
vom 14 — 15ten das Lager bei Grandpre, *
und zog ſich nach Damartin zurück. Ob die
deutſchen Truppen dieſes gleich bemerkt hatten,
ſo verſchoben ſie doch die Verfolgung des Feindes bis den andern Tag, wegen der ſchlechten
Wege und des üblen Wetters. Den 15ten
in der früh aber brach Prinz Hohenlohe mit
4 Füßeliers Bat. und 20 Eskadrons auf,
den Feind zu verfolgen, erreichte bei Cervieres
die feindl. Arrieregarde, griff ſie an, erbeutete
viele Bagage, 5 Kanonen, und machte nach
verſchiedenen Gefechten 250 zu Gefangenen. **

Der

---

* Während dieſes auf den beiden Flanken
vorgieng, ſtand die preuſiſche Hauptarmee zu Landres, und die Kavallerie der
franzöſiſchen Prinzen hatte ſich eben mit
ihr vereinigt, um Dumourier in den
Augenblicke anzugreifen, wo man die
Maasregeln, ſolchen rund umher einzu-
ſchließen, vollende haben würde. Man
war nur blos noch durch das Ayriiß-
chen getrennt. In dieſem Augenblicke
aber ſah der franzöſiſche General ſeine
Gefahr ein, und zog ſich in der Nacht
zurück. Und von dieſem Zeitpunkte her
ſchreiben ſich die Gerüchte, welche faſt
allgemein wurden, daß Dumourier eingeſchloßen ſey.

* * Der Schrecken über dieſen Vorfall verbreitete ſich bis nach Chalons, und zu
den übrigen franzöſiſchen Armeen. Alles
in der dortigen Gegend nahm die Flucht.

Der

Der östreichische Gen. Clerfait, und das Korps
des Gen. Kalkreuth rückte hierauf bis an die
Aire, machte sich Meister von dem ganzen
Strome, und besetzte Attigny, Chesene, Se-
nouck ꝛc. — Der F. Z. M. Fürst von Hohenlohe - Kirchberg war seiner Seits am 13ten
Sept. der üblen Wege ohnerachtet, zu Verdün
angekommen, hatte die Maas paßirt, und
das Lager bei Marne bezogen. Am 14. Sept.
vereinigte sich das Hohenlohische Korps mit
den Hessischen Truppen, und besetzte die vortheilhaften Anhöhen zwischen Bürette, Neu-
villy, und Ambreville, die Hessen aber die
Stadt Clermont Am 17ten drang der
Fürst v. Hohenlohe bis an das von dem Feinde
besetzte und verschanzte Dorf Grandes - Il-
tettes, trieb die Vorposten zurück, beschoß
den Feind, tödtete ihm 1 Offizier und 9 Mañ,
und verwundete 16. Das feindliche Lager
stand hinter dem vorgenannten Dorfe
auf einem sehr vortheilhaften Berge. —
Am 18ten September war nun die Stellung des ganzen kombinirten Heeres folgende: das Lager der Hauptarmee stand zwischen Montchantin und Veaux le Mon-
rons,

Der Gen Dumourier hat selbst in seinem
Bericht an die N V eingestanden, daß,
wenn er noch selbigen oder des folgenden
Tages angegriffen worden wäre, seine
ganze Armee die Flucht ergriffen, und
sich zerstreut haben würde.

rons; die Avantgarde des Prinzen von
Hohenlohe bei Servon und la Chapelle.
Grandpres war mit 2 Füß. Bat. und 100
Mann Kav. besetzt, so wie Senüque mit 1
Komp. Jäger, — das Korps des Gen. Kalkreuth stand bei Marveaur, und jenes des
F. Z. M. Clerfait bei Semide; der Kommunikation wegen mit Verdün die Hessen bei
Clermont, und das Hohenlohische Korps bei
Neuville. — Während dieser Bewegungen
der kombinirten Armeen hatte sich Kellermann
und Dumourier bei St. Menehould vereinigt.
Ersterer hatte sein Lager auf den Höhen de
l' Hyron, und der Walmyrermühle, Dumourier aber stand an der Aire bei St. Menehould. Diese Stellung war von Natur sehr
vest, und ein geringer Widerstand würde, auch
bei dem vollkommensten Siege den kombinirten
Heeren sehr viel Leute gekostet haben: den Feind
aber aus seiner Stellung, und zu einer Bataille zu bewegen, dazu war keine Wahrschein-
lichkeit da, weil die französischen Generale dieser sorgfältig immer auswichen. Der König
entschloß sich also, dem Feinde die große Straße, welche von St. Menehould nach Chalons
führt, abzugewinnen, und dessen Kommunikation mit seinen Magazinen und einem daselbst
stehenden Korps zu erschweren, und vielleicht
dadurch Gelegenheit zu einem entscheidenden
Schritte zu bekommen. Diesen Endzweck zu
erreichen, und um das Vorhaben dem Feinde
.nicht

nicht merken zu laſſen, beſchloß man mit der
Armee ſo nahe als mögl. an den Feind zu rücken, ſich mit einem Theile des rechten Flügels
des Poſtens bei la Lune, und der Höhen von
Gizancourt zu bemächtigen, indeß der größte
Theil der Armee dergeſtallt in Schlachtordnung
aufmarſchirte, daß der Feind keine andere Abſicht, als ihn anzugreifen, und eine Schlacht
zu liefern, vermuthen könnte. Dieſes Unternehmen glückte auch nach Wunſch. Die ver-
ſchiednen Korps rückten am 19ten aus ihren
Lagern aus, nahmen die ihnen vorgezeichneten
Poſten ein, und brachten die Nacht vom 19. —
20ſten unter freien Himmel zu. Mit Tages
Anbruch brach man auf, und machte mit der
Hauptarmee Bewegungen, die einen Angriff
auf die Armee des Gen. Kellermann, welche
noch durch ein Korps des Gen. Dumourier
verſtärkt worden, und bei dem Poſten Cote
l' Hyron, und auf der Anhöhe von der Wal-
myrer - Windmühle mit 40 Kanonen poſtirt
war, vermuthen machen mußten, während
daß die Abſicht nur auf die Höhen von la Lune,
und Giganzourt gerichtet war, die auch, weil
die Feinde ſich deſſen nicht verſehend, den Poſten nur mit 4 Kanonen und wenigen Truppen
beſetzt hatten, glücklich erreicht, und durch die
Preußiſche Avantgarde erobert wurden. Bei
dieſer Gelegenheit fielen mit den feindlichen
Vorpoſten verſchiedne hartnäckige Scharmützel
vor, das Ganze beſtand jedoch mehr in einer
6ſtün-

6ſtündigen Kanonade, welche dem Feinde 500
Mann, und viele brave Offiziers koſtete, ſo
wie denn ſelbſt dem Gen. Kellermann und
Senemont die Pferde unterm Leibe erſchoßen
wurden. Preußiſcher Seits blieb der Hauptmann Oſtendorf von der Artillerie, 3 Unter-
offiziers und 24 Gemeine; verwundet wurden 4 Offizier 10 Unteroffizier und 124 Gemeine. Sobald der Endzweck des Herzogs
von Braunſchweig erreicht, und die vorgenannten Poſten ſtark beſetzt waren, endigte
ſich die Kanonade, und nun war die kombinirte Armee Meiſter von der großen Straße
nach Chalons, * und bis an das Thal der
Auve, welche in moraſtigen Wieſen fließt.
Der Feind zog ſich nach Dampierre an der
Aube zuruck, um wenigſtens die Kommunikation über Vitri mit Chalons auf einem län-
gern Wege offen zu haben. Da am 22ſten
die vortheilhaften Poſten auf den Höhen von
l' Hyron und der Walmyermühle verlaſſen
wurden, ſo bezog der Herzog daſelbſt das Lager.
Das Korps d' Armee des F. Z. M. Clerfait
war am 20ſten bei Suippe angekommen,
hatte ſeinen Marſch gleich fortgeſetzt, war
aber erſt angekommen, da die vorgedachte Aktion geendigt war. Es nahm am 23ten das
Lager auf dem Walmyrer-Windmühlen Berg,
und

---

* Chalons war auf dieſe Nachricht ſchon
geräumt worden.

und die preußische Hauptarmee lagerte sich weiter auf den Anhöhen bei Dommartin sous Hans u. zwischen Hans, wohin auch das Hauptquartier kam, und starke Verschanzungen angelegt wurden. Am neml. Tage fiel noch zwischen den dißeitigen Fourageurs und den Feinden eine kleine Affaire vor, die aber weiter keine Folgen hatte, als daß 1 Preußischer Dragoner getödtet, und der Maj. v. Pellet von Anspach Bayreuth verwundet wurde.

Während dieses am 20. Sept. bei der Hauptarmee vorgegangen war, erhielt der F. Z. M. Fürst von Hohenlohe Nachricht, daß der Feind seine Stellung bei Grandes Jllettes verlassen wolle, welches durch die heftige Kanonade in der Gegend von St. Menehould noch wahrscheinlicher wurde. Um nun des Feindes Rückzug zu benutzen, rückte das ganze Heßische Korps nach Clermont vor, und man kanonirte das feindliche Lager; — welches aber so gut beantwortet wurde, daß daraus zu schließen war, des Feindes Absicht sey nicht, sein vortheilhaftes Lager zu verlassen. Indessen wurden bei diesem Vorfalle 40 Franzosen getödtet.

Die kombinirte Armee hätte am 20. Sept. nach den einstimmigen Versicherungen der deutschen Heerführer mit dem beßten Erfolge den Franzosen ein Treffen liefern können, wenn es die Absicht des Herzogs gewesen wäre; dieß hatten selbst die Feinde gefühlt. Alleine diese

diese Schlacht würde den Deutschen viele Men=
schen gekostet haben, und man hofte noch im=
mer die Feinde zu bewegen, ihre vortheilhaf=
ten Stellungen zu verlassen, und selbst eine
Bataille anzubieten, — und dieses um so
mehr, da es von der kombinirten Armee ab=
hieng, Chalons zu besetzen, und sich der Haupt=
stadt immer mehr zu nähern. Diese Absicht
wurde aber nicht erreicht. Auf ein Ungewiß
den Feinden nun erst ein Treffen zu liefern,
da man soweit in Frankreich eingedrungen war,
würde für die kombinirte Armee sehr gefährlich
gewesen seyn. Die Hoffnung, welche die fran=
zösischen Prinzen von mächtigen Parteien,
die ihnen zugefallen würden, gemacht hatten,
fand sich ganz unerfüllt. Seit mehreren
Wochen war ein so regnerisches, kaltes, un=
gestümes und garstiges Wetter, daß der
Transport der Lebensmittel und Fourage aus=
erordentlich schwer wurde, und es schien, als
widersetzten sich die Elemente der Ausführung
des Unternehmens der Deutschen. Die große
Armee befand sich in Champagne pouilleuse
einem höchst dürren und armen Lande. Die
Feinde hatten auf viele Meilen alles, was
nur irgend zum Unterhalt der Armeen dienen
konnte, wegbringen, oder verderben lassen,
so daß man alles aus den Magazinen von
Stenay und Verdün herbringen mußte. Die
französischen Generale, gleich ihren grausa=
men Brüdern zu Paris, führten den Krieg
auf

auf eine, die ärgste Bosheit bezeichnende Art, indem sie sogar das Wasser unbrauchbar mach=
ten. Endl. war man nun auch soweit in Frank=
reich eingedrungen, daß man von der Gesin=
nung der Nation urtheilen, und wissen konte,
die bisherige Art Krieg zu führen, mit Zu=
rücklassung der Vestungen, sey, bei der uner=
warteten Hartnäckigkeit der Feinde, unthun=
lich. Auf der andern Seite war man jedoch
auch versichert, daß die feindlichen Generale,
ihrer vortheilhaften Stellung ohnerachtet, bei
der Undisziplinirung der Truppen, noch im=
mer, so wie auch für Paris besorgt seyen; —
auch mochte die Absicht des Königs von Preu=
ßen nicht sowol auf die Einnahme von Paris
selbst gerichtet seyn, als vielmehr der Pariser
Faktion Schrecken einzujagen, und sie dadurch
zur Nachgiebigkeit und menschlichern Behand=
lung Ludwigs zu bewegen. Letzteres scheint
um so wahrscheinlicher, da die Kaiserl.,
Preußischen, und Englischen Gesandten zu dem
berühmten Luxenburgischen Congreß sich ver=
sammelt hatten, ehe man mit Gewißheit von
den Progreßen der kombinirten Waffen in
Frankreich etwas sagen konnte, und sich diese
Gesandten selbst zur Armee begeben hatten.
Alle vorgenannte Umstände sage ich, lassen
vermuthen, daß die Absicht, ohne gerade die
Eroberung von Paris zum Zwecke zu haben,
dahin gieng, zu gelegener Zeit Unterhandlun=
gen zu pflegen. Dieser Zeitpunkt war nun

E   ge=

gekommen. Man war im Herz von Frank=
reich; — und bei der angezeigten Lage der
Armee, mußte man die erste Gelegenheit zu
diesen Unterhandlungen ergreifen. Diese gab
nun, als die Hauptarmee im Lager bei Hans
stand, die Auswechslung des Preuß. Kriegs=
raths v. Wegnern, des Commiß. Raths Voll=
gnad, des Kabinets Sekretärs Lombard zc.
(welche bei der Affaire vom 20sten Sept. in
feindl. Hände gefallen waren) gegen etl. Mit=
glieder der vorigen Franz. Nat. Versammlung.
Dumourier that am 22sten Sept. den Vor=
schlag dazu, und zu Unterhandlungen, welche
aus obgenanten Gründen vom Könige von
Preußen willig angenommen wurden, nicht
ahndend, daß es blose Hinterlist des feindlichen
Generals sey, eine noch bessere Stellung zu
nehmen, und Gelegenheit zu haben, die ver=
schiedenen bei Chalons befindlichen Korps vol=
lends an sich zu ziehen. Die Einstellung der
Feindseligkeiten auf etl. Tage, war das erste,
was zur Basis der anzufangenden Unterhand=
lungen vestgesetzt wurde. Diese Zeit gebrauchte
Dumourier blos dazu, seinen ersterwehnten
Endzweck zu erreichen. Sobald dieses gesche=
hen war, erklärte er, daß die Franzosen keine
Unterhandlungen mit einem Feinde, so lange
er auf ihrem Gebiete stehe, unterhalten könn=
ten, und die Anerkennung der französischen Re=
publick, und Abschaffung der Königswürde,
die ersten Grundbedingungen seyn müßten. —

Hatte

habe den Dumourier nicht beim Anfange ge-
wußt, daß der König von Preußen auf Franz.
Grund und Boden stehe? Schon das allein
beweißt die Arglist dieses Mannes, die man
leider! seitdem nur zu sehr, und in mehreren
Fällen erfahren hat.

· Die Unterhandlungen wurden abgebrochen,
und der Herzog erließ ein drittes Manifest,
welches den untrüglichsten Beweiß abgiebt,
daß Preußischer Seits nicht die ersten Schritte
waren gethan worden. — Indessen war es
nach dem gemachten Versuche offenbar, daß
auch durch den Weg der Güte die Franzosen
zur Nachgiebigkeit, und ihren Pflichten nicht
zurück zu bringen seyen. Mit den Waffen
in der Hand war es nach der obenangezeigten
Lage der kombinirten Armee, hauptsächl. aber
auch wegen der späten Jahrszeit, und der tägl.
schlechtern Witterung nicht wohl möglich.
Alle diese Umstände, und die Diversion des
Franz. Gen. Custine gegen Speyer, Maynz 2c.
bevestigten daher den Herzog von Braunschweig in dem Entschluße, sich nach Deutschland zurück zu ziehen, * und dem Vaterlande

E 2 zu

* Einige öffentliche Blätter geben zum
Grunde des Rückzugs der Preußen fol-
gendes an: Dumourier habe dem König
von Preußen bei Gelegenheit der Unterhandlungen persönl. versichert, das Leben Ludwigs sey in Gefahr, wenn die
ge-

zu Hülfe zu kommen, den 2ten Feldzug aber,
nach den einzezogenen Erfahrungen, mit Er=
oberung der Vestungen, und auf eine Art an=
zufangen, durch welche den Absichten der un=
gerechten raub= und eroberungssüchtigen franz.
Nation Einhalt gethan werden könne.

Der 29. Sept. war der Tag, an welchem
die kombinirte Armee über die Bionne zurück
gieng, und ihren Rückzug aus dem Lager vor

Hans

vereinigte Armee weiter vorrücke, im
Gegentheil aber, wenn sich der König
zurückziehen wolle, --- stehe man für
das Leben des Königs und seiner Fami=
lie. Dumourier zeigte zur Bewahrhei=
tung ein Schreiben eines Deputirten des
N. C. vor. Als der König von Preußen
dieß nicht habe glauben wollen, sey Du=
mourier nach Paris gegangen, habe sich
mit verschiedenen Deputirten zu Ludwig
XVI. begeben, und diesen durch Dro=
hungen gezwungen, an Fried. Wilh.
zu schreiben, um Höchstdiesen zu versi=
chern, daß es wirkl. so, und die Preu=
ßen lieber abziehen möchten. --- Aus
Liebe zu Ludwig hätten sich nun die kom=
binirten Armeen zurückgezogen. --- Von
diesem Schreiben wären mehrere Abschrif=
ten vorhanden, z. B. in den Händen sei=
nes Beichtvaters und der Advokaten,
man habe sich aber nicht getraut, Ge=
brauch davon zu machen. Dieß sey eben
das, worüber der König auf dem Schaf=
fotte noch habe zu dem Volke reden
wollen. --- Si Fabula vera.

Hans antrat. Dieſer Aufbruch erfolgte zu
gleicher Zeit nicht nur von der Preuſiſchen,
ſondern auch Clairfaitiſchen, der Hohenlohiſchen und Heſſiſchen Armee, und zwar von
den beiden letzten Korps aus den Lägern bei
Varennes und Clermont. Die Preußen giengen
über Grandpres, Buſancy, Longwy, Luxenburg, nach Trier und Coblenz, nm den ins
deutſche Reich eingefallenen und Schrecken
verbreitenden General Cuſtine Einhalt zu thun.
Die Armee des General Clerfait kehrte über
Stenay und Longwy ins Luxenburgiſche, und
von da nach Namur zurück, da das Korps
dieſes Generals bei einem zu befürchtenden
Einfall der Franzoſen in die Niederlande, nöthig wurde. Fürſt von Hohenlohe zog mit
ſeinem Korps d' Armee ins Luxenburgiſche,
und die Heſſen eilten mit ſtarken Schritten in
Gemeinſchft der Preußen über Trier, und
Coblenz ihrem bedrohten Vaterlande zu Hülfe.
Der Rückzug der kombinirten Armee aus dem,
trocknen und unfruchtbaren Champagne pou-
illeuſe iſt übrigens in jedem Betracht der Kriegs-
erfahrenheit, und dem Ruhme des Herzogs,
von Braunſchweig, und der Einſicht der kommandierenden Generale würdig; der Verluſt,
dabei, ſelbſt nach franzöſiſchen Berichten,
äußerſt gering, und dieſer nicht ſowol der Verfolgung des Feindes, (welcher den in beſter
Ordnung zurückziehenden Armeen nur von weiten zu folgen, das Herz hatte) als den ſchlech-

ten

ten Wegen, und der äußerst üblen und ungesunden Witterung zuzuschreiben. Einige Wagen mit Kranken, einiges zerbrochenes und in den grundlosen Wegen stecken gebliebenes Fuhrwerk, einige Scharmützel der Arriergarde abgerechnet, wobei die Feinde soviel verloren, als die kombinirten Truppen, erlitten die Armeen bei einem so weiten und mühefeligen Rückmarsch, fast gar keinen Verlust; * — selbst die Anzahl der Kranken war Verhältnißmäßig nicht zu groß. — Stenay, Longwy und Verdün, und deren Besaßungen würden, nach dem Abzuge der kombinirten Armee aus Frankreich, ohne Nußen den Feinden blos gestellt gewesen seyn, es wurde also beschlossen, diese Vestungen zu räumen. Die Kaiserlichen verließen daher Stenay am 12ten wieder, und die Preußen übergaben am 14. Okt. Verdün, und am 18ten Longwy, den Franzosen in eben dem Zustande, in welchem sie diese Plätze eingenommen hatten. Die Wiedererlangung dieser Vestungen war die einzige That, welche die Generale Kellermann und Dillon, die mit ihren Korps die Deutschen auf ihrem Rückmarsch beunruhigen sollten, vollführten, — indeß Dumourier nach Paris gegangen war,

mit

---

* Die höchste Summe, welche man annehmen könnte, worunter die eines natürl. Todes verstorbenen mitbegriffen, wäre 1000 Mann.

mit den Jakobinern den Plan zu einer Winter
Campagne und Einfall in die östreichischen
Niederlande zu entwerfen.

Ehe ich aber zu diesem für die östreichischen
Waffen so unglücklichen Zeitpunkte des 1792.
Feldzugs komme, ist dasjenige in Zusammen-
hang noch nachzuholen, was in Belgien,
während den Unternehmungen der kombinirten
Armee in Frankreich vorgefallen war. Die
Armee Sr. K. Hoheit des Herzogs v. Sachf.
Teschen war hier ebenfalls nicht müsig gewesen.
Die Gefahr, welche Frankreich von der kom-
binirten Armee drohte, hatte die Generale die-
ser Nation genöthigt, ihre meisten Truppen
von den Grenzen der Niederlande wegzuziehen.
Diese Vortheile benutzte der Herzog v. Sachf.
Teschen nach Möglichkeit. Das Städtchen
Lannoi in Französisch Flandern wurde den
5. Sept. durch deu F. M. L. Grafen de la
Tour angegriffen, und nach einer hatnäckigen
Gegenwehr die Garnison gezwungen, sich von
den Wällen in die Stadt zu ziehen, und die
weiße Fahne aufzustecken. Es blieben hierbei
25 Franzosen auf dem Platz, 6 Offiziers,
und 144 Mann wurden zu Gefangenen gemacht, das Städtchen aber von den Kaiserl.
besetzt, und bevestigt. — Um eben die Zeit
mußte der Oberst Mylins gegen den Ort
Rouboix (ebenfalls in Französisch Flandern)
vorrücken, griff die Feinde au, und verjagte
ſie nach einem hartnäckigen Widerstand, der

E 4 ihre

ihnen 12 Todte koſtete, beſetzte den Ort,
und machte 1 Capitaine und 50 Gemeine
zu Gefangenen. — Die franzöſiſchen Truppen, welche bisher das Lager von Maulde
inne gehabt hatten, verließen ſolches, und zogen theils in jenes von Famars, theils nach
Valenciennes und Sedan. General Beaulieu rückte daher vor, und ließ die Werke dieſes vortheilhaften Lagers zerſtören. St. Amand
und Orchies, welches ſchon am 14. July in
Kaiſerlichen Händen geweſen war, wurde von
den Deutſchen beſetzt, man machte ſich von
einem großen Strich des franzöſiſchen Gebiets
Meiſter, und die leichten Truppen ſtreiften
bis vor die Thore von Valenciennes und Ryßel. — Zwiſchen einem Theile der Beſatzung
von Maubege, und dem Michailowitſchiſchen
Freikorps war am 11. Sept. ein Gefecht.
Jene hatte einen Ausfall gethan, wurden aber
mit Verluſt einiger Todten und Verwundeten
zurückgetrieben. Vom Freikorps blieben nur
3 Mann. — General Beaulieu, der mit
ſeinem Korps auf den Anhöhen von Auſin bei
Valenciennes kampirte, ließ am 17. Sept. ein
Detachement Jäger und Uhlanen bis unter die
Mauern der Veſtung vorrücken, welches die
Schildwachen auf den Wällen niederſtreckte;
allein ein feindl. Haufe Dragoner und Infanterie kam aus der Stadt, griff die Kaiſerl. an,
und dieſe waren genöthigt, ſich mit einem Ver-
luſte von 40 Todten und Verwundeten, und
10 Gefangenen zurück zu ziehen.

Auf der Seite von Givet, gegen welche Stadt das Korps d' Armee des Herzogs von Bourbon stand, fiel am 20. Sept. zwischen den Vorposten unter dem Grafen Chatre, und einem aus Givet ausgezogenen Haufen Franzosen von 1500 Mann ein hartnäckiges Gefecht vor. Die Emigranten wollten eine Rekognoszirung gegen jene Vestung vornehmen, bei welcher Gelegenheit die Besaßung das Detachement angriff, und nach einem 4stündigen Gefecht zum weichen brachte. Französischer Seits blieben 10 Mann auf dem Plaß, außer was verwundet seyn mochte, — die Emigranten verloren 21 Mann, und etl. Gefangene.

Am 26sten ließ der Französ. Gen. Lieut. Moreton zu gleicher Zeit von Valenciennes und Conde aus, zwei starke Korps unter den Generals Ferrand und la Morliere gegen St. Amand anrücken, um diesen Posten den Kaiserlichen, die nur 2 Kompagnien von Bender daselbst hatten, wieder zu entreissen. Der überlegenen feindl. Macht ohnerachtet, vertheidigten die Kaiserl. die Stadt gegen 4 Stunden, waren aber endl. genöthigt, sich über Orchies und Maulde, mit einem Verlust von 10 Todten, und mehreren Bleßirten zurück zu ziehen, erhielten aber noch den neml. Tag von Maulde aus eine Verstärkung von 4 Kompagnien, und einer Abtheilung Blankensteinischer Hußaren, griffen den Feind, der sich der Plünderung, und dem Trunk über-

lassen

laſſen hatte, von neuen an, tödteten und verwundeten wenigſtens 250, und verjagten ihn
wieder aus St. Amand. Der diſſeitige ganze
Verluſt an dieſem Tage belief ſich auf 40
Mann. — Zu gleicher Zeit als dieſer Angriff von den Franzoſen gegen St. Amand ge-
ſchehen war, hatte die Beſaßung von Bou-
chain, die Oeſtreicher zu Marchiennes angegriffen, war aber mit Verluſt zurückgeſchla-
gen worden.

Die Hauptabſicht Ihro Königl. Hoheit
des Herzogs Albert gieng indeſſen hauptſächl.
auf die Veſtung Ryßel, der Hauptſtadt des
Franzöſ. Flanderns. Seit dem Anfange des
Monats September befand ſich das Hauptquartier der kaiſerl. Armee zu Dornick, und
bereits am 10ten dieſes Monats waren die
Feinde bis unter die Kanonen erſterer Veſtung
vertrieben worden. Alle Anſtalten zur Belagerung dieſes wichtigen Orts, die ſchwere Artillerie, Roſte zu glühenden Kugeln, und ſon-
ſtige Belagerungsgeräthſchaften, waren im
Lager vor Dornick angekommen, und am 24.
rückte der Herzog mit einem Theil der Armee
gegen die Stadt ſelbſt an, und nahm das
Hauptquartier zu Flers nahe an Ryßel. Man
ließ den Kommendanten zur Uebergabe auffordern, ſtatt der Antwort aber that die Beſaßung einen Ausfall, der jedoch fruchtlos
ablief. Durch dieſe Hartnäckigkeit wurde der
Herzog in die Nothwendigkeit verſeßt, das

Bom-

Bombardement am 29. Sept. anfangen zu
laſſen. Man ließ daſſelbe mehrere Tage hindurch mit der größten Lebhaftigkeit fortſetzen,
wodurch über 200 öffentl. und Privatgebäu-
in Aſchenhaufen verwandelt, mehr als 2000
aber beſchädigt wurden. Deſſen ohnerachtet,
war an keine Uebergabe zu denken, alſo der
bezielte Endzweck verfehlt. Da nun ſeit mehreren Wochen ein außerordentl. ſchlechtes Wetter geweſen, die Munition größtentheils ver-
ſchoſſen war, auch die Rückkehr der vereinig-
ten Armee, und der gedrohte Einfall Dumou-
riers in die Niederlande eine gänzliche Veränderung der Umſtände hervorgebracht hatte,
ſo wurde beſchloßen, die Belagerung von
Ryßel aufzuheben, und das Belagerungsge-
ſchütz nach Dornick zurück zu bringen. Dieß
geſchah am 8. Okt. wirkl., — und um eben
dieſe Zeit, und aus eben den Gründen wurde
die Belagerung von Diedenhofen (in Franz.
Luxenburg) aufgehoben. Letztere Veſtung
war nach dem Abmarſch des Fürſten von Hohenlohe zur großen Armee von den zurückge-
bliebenen Truppen der Emigranten = Armee,
und dem Korps der Generals Brentano und
Erbach, ohne Erfolg und mit Verluſt blokirt gehalten worden. Die Belagerer hatten zwar öf-
ters Werke aufzuführen geſucht, waren aber immer durch die Beſatzung daran gehindert worden.

Nach aufgehobener Belagerung von Diedenhofen, zog ſich das Korps des Gen. F.
M.

M. L. Bar. Brentano zur Deckung des Kurfürstenthums Trier, welchem die Kellermänni-
sche Armee nun mit einem Einfalle drohte, in
diese Gegenden hin. Wie nöthig diese Vorsicht gewesen, hat die Folge bewiesen. Da
sich jene wichtigen Begebenheiten aber der Zeitfolge nach später ereignet haben, so werden sie
weiter unten angeführt werden. Das Kur-
triersche Gränzstädtchen Merzich aber hatte
schon vorher die französische Nachbarschaft
schwer fühlen müßen. Die Ueberfälle der
Franzosen in diese Stadt fallen in die Zeit
der Expeditionen der großen kombinirten Armee in Frankreich und deren Erzehlung muß
also der Zeitfolge nach hier eingeschaltet werden. Den ersten Besuch legten die Feinde am
8ten Sept. ab. Sie erschienen in aller Früh
vor dem ganz von Besatzung entblößten Städtchen, und plünderten dasselbe. Die Haupt-
absicht des Feindes war jedoch auf das dortige
kaiserl. Mehlmagazin gerichtet, welches sie aus
Mangel an Fuhren um es fortzubringen, aus-
schütteten, und unbrauchbar machten. Die
Feinde waren 1000 Mann stark von der Besatzung zu Saarlouis, wohin sie auch noch
am nemlichen Tage zurück kehrten. Zu gleicher Zeit plünderten sie auch das Dorf Schwar-
zenholz, 2 Stunden von Trier aus. Auf die
Nachricht von diesem Ueberfalle wurde ein
Kommando von 25 preußischen Dragonern,
und 400 Mann Kurtrierschen Truppen nach
Mer-

Merzich beordert. Deſſen ohnerachtet erſchien,
daſelbſt am 15ten Sept. abermals ein Haufe
von 800 Franzoſen mit Kanonen. Das
preuſiſche Detachement rückte ihnen muthig
entgegen, und bei dieſer obſchon geringen Gegenwehr, trauten ſie ſich nicht weiter vorzurücken. Ein preuſiſcher Dragoner, dem das
Pferd unterm Leibe erſchoſſen wurde, fiel dabei in feindliche Gefangenſchaft, und 2 wurden verwundet; die Franzoſen hatten 5 Todte
und 12 Bleßirte. Am 29 Sept. fiel wieder
ein Haufe Infanterie und Kavallerie 3000
Mann ſtark, von der Beſatzung zu Saarlouis
in Merzich ein. Die Kurtrierſche Garniſon
wehrte ſich muthig, mußte ſich aber wegen der
Uebermacht auf den Kreutzberg retiriren, feuerte
auch da noch wacker, ward aber dennoch genöthigt, ſich endlich ganz nach Trier zurückzuzie-
hen. Die Franzoſen pflanzten nun den Freiheitsbaum auf, und plünderten wider ihr Verſpre-
chen. Die Kaiſerl. hieben in der Folge dieſen
Freiheitsbaum wieder nieder, nach ihrem Abzug aber, erſchienen die Franzoſen aufs neue,
und ermunterten die Einwohner ſich der franzöſiſchen Freiheit auf alle Art zu bedienen. Sie
plünderten die nahe gelegene Abtei Mettloch,
die benachbarten Landſchlößer, hieben die
Bäum in den Gärten nieder, und verwüſte-
ten, was ſie nur konnten. — Ein ähnliches
Schickſal wie Merzich und dortige Gegend erfuhr auch die gefürſtete Grafſchaft Mömpelgard,

garb. Deñ obnerachtet der Herzog von Würtenberg nicht den geringsten Anlaß dazu gegeben hatte, überfiel zu Anfang des Monats
Sept. ein Haufe Nationalgarden von Belfort
aus, Stadt u. Schloß Mömpelgard, plünderte,
machte die Garnison zu Gefangenen, nahm die
vorhandenen Kanonen mit, und verheerte alles,
was diesen Räubern unter die Hände kam.

In den Niederlanden wuchs die
Grausamkeit, und der Muth der Franzosen
in dem Maaße, als Dumourier mit seiner
Armee näher kam. So überfiel am 11ten
Okt. ein Haufe von der Besatzung zu Philippeville 2500 Mann stark, Wallcourt, und
plünderte diese unglückliche Stadt ganze 6
Stunden lang. Alles bis auf Kirchengefäße
wurde geraubt, Greise und Kinder nicht verschont, die Abtei Jardinet ganz ausgeplün-
dert, und halbnackigte Geistliche gezwungen,
das Vieh den Räubern nach Philippeville
nachzuführen. Auch auf der Seite von Virton versuchten die Feinde einen Einfall, wur-
ken aber zurück geschlagen. Hingegen plün-
terte ein anderer Haufe das Dorf Differange
4 Meilen von Luxenburg, und mehrere andere in dortiger Gegend rein aus. — Die
Armee des Dumourier näherte sich mittlerweile
immer mehr: schon war der größte Theil derselben zu Ryßel, Valenciennes, Bavay, Maubege angekommen, und alles zu einem allgemei-
nen Angriff vorbereitet, ehe sich die verschiede-

nen

nen kaiserl. Korps in den Niederlanden verei-
gen könnten. Letztere machten die lebhaftesten
Gegenanstalten, und ließen Verschanzungen
aufwerfen, um der Uebermacht der Feinde dadurch die Spitze bieten zu können. Bereits
am 27ten Okt. wagten die Franzosen auf der
Seite von Conde gegen das Korps des Gen.
F. M. L. Beaulieu einen Angriff, wurden
aber diesesmal durch die Tapferkeit der Dragoner von la Tour, und der Blankensteini-
schen Hußaren mit einem Verluste von 300
Mann Todten, und 40 Gefangenen zurück
geschlagen. Eben so glücklich wurden ihre Angriffe auf die Vorposten bei Dornick und Menin abgetrieben. — Die Feinde hielten sich
nun einige Tage ruhig, — am 3. Nov. erschienen sie aber von neuem, und griffen die kais.
Vorposten auf der Seite von Boßu bei
Mons an. Der Obrist B. v. Kleime, von
Bender, stellte sich sogleich an die Spitze einer
Division Hußaren, und fiel die Franzosen mit
solchem Ungestüm an, daß er ihnen 360 Mann
tödtete, und 50 Gefangene machte. Ihr
nochmaliger Angriff auf die Vorposten bei
Dornick, lief eben so fruchtlos ab, und sie
wurden mit Verlust von 6 Todten zurück geschlagen. Alle diese Attacken waren jedoch
mehr Rekognoszirungen, um die Stärke, und
Stellung der östreichischen Truppen zu beobachten, und sich zu dem vorhabenden großen
Schlage vorzubereiten.

Der

Der Plan des Gen. Dumourier war auf
der Seite von Mons durchzudringen, es koste
was es wolle. Die Ausführung dieses Unternehmens erleichtete ihm seine Uebermacht,
die vielen Strapazen der kaiserl. Truppen während des bisherigen Feldzugs, und daß letztere
verschiedentlich schon in die Kantonirungsquar-
tiere eingerückt waren, folgl. zerstreut lagen.
F. M. L. Bar. v. Allien stand zu Anfang
Novembers nur mit 4000 Mann bei Mons;
er bath schleunig bei dem Gen. Beaulieu zu
Dornick, und von dem aus Frankreich rück-
kehrenden Grafen Cleirfait um Verstärkung.
Beaulieu, welcher selbst mit einem Ueberfalle
bedroht wurde, konnte keine Truppen entbeh-
ren, u. F. Z. M. Clerfait von Namur aus durch
durchforcirte Märsche nur mit einem Theile seiner ermüdeten Armee am 4ten Nov. bei Mons
anlangen. Der Herzog von Sachs. Teschen
stand mit dem Hauptquartier zu Tubise 2 Stunden von Brüßel. Fürst Hohenlohe und Gen.
Brentano hatten mit der Kellermannischen Armee, welche Luxenburg und Trier bedrohte, zu
thun. Der wichtige Posten bei Mons war
also mit nicht mehr (einschlüßlich der ange-
langten Verstärkung unter Clerfait) als 14500
Mann Kaiserl. besetzt, da die eindringenden
Franzosen nur allein von dieser Seite 42000
Mann stark waren. Mittlerweile und ehe die
Verstärkung zu Mons angekommen war, hatte
es dem Dumourier bereits am 4ten wegen

Schwäche

Schwäche der Deutschen geglückt, Quievrain, Boßu, (wo sie am 3ten zurück geschlagen worden) und St. Ghilain * nach einem hartnäckigen Widerstand, welcher den Kaiserl. 150 Mann kostete, zu besetzen. Am 5ten griffen sie von 4 Seiten zugleich die dißseitigen Vorposten an, und occupirten die Anhöhen von Frameries und Parturage, welche man wegen Mangel an Truppen nicht hinlängl. hatte besetzen können. Endl. erschien der 6te Nov., ein Tag, welcher durch die blutige Schlacht bei Frameries * * auf immer merkwürdig seyn wird, der für die deutschen Waffen so viele traurige Folgen hatte, und den Verlust von ganz Belgien nach sich zog. Die französischen Truppen fiengen um 6 Uhr Morgens die Attacke durch eine lebhafte Kanonade an. Die östreichische Armee unter dem F. Z. M. Clerfait, und F. M. L. Bar. Lilien hatte eine sehr vortheilhafte Stellung. Sie war auf einem sich stufenweis erhebenden Berge postirt, auf welchem 3 Redouten, eine über der andern angebracht war, — sie hatte eine ansehnliche Artillerie, alleine die Feinde eine ungleich stärkere, und von größern Calibre. Außer diesem Vortheile hatten die

F   Feinde

---

* Der Schlüßel von Mons genannt

* * Die Franken nennen sie die Schlacht bei Gemappe.

Feinde noch den, daß die Schwäche der Deutschen nur ein Treffen zu formiren erlaubte,
und die Kavallerie nur aus 2 Gliedern bestand,
da hingegen die Franzosen 2 Treffen formir-
ten, und noch ein Korps de Reserve hatten.
Dieser überwiegenden Vortheile ohnerachtet,
konnten die Feinde den Kaiserl. anfangs nichts
anhaben, und die Kanonade dauerte bis 12
Uhr ohne weitere Entscheidung, als daß von
beiden Theilen viele Menschen blieben. Aber
um 12 Uhr griff die feindl. Infanterie * mit
immer nachrückender Artillerie, mit dem Degen in der Faust und Bajonetten die Kaiserl.
erste Redoute an, wobei ihnen ihre Anzahl natürl. Vortheil verschafte. Die kaiserl. Truppen thaten lebhaften Widerstand, mußten sich
aber endl. in die 2te Redoute zurückziehen.
Die Franzosen folgten ihnen, und griffen sie
da von neuen an. — Das Gefecht wurde
noch blutiger, der Feind rückte über die Leich-
name seiner getödteten Brüder mit immer frischen Truppen. Diese ununterbrochene Ar-
beit schwächte die Deutschen. Sie mußten
auch diese Schanze den Franzosen überlassen,
jagen sich in die dritte, und hier begann noch
das

---

* Unter Dumourier waren bei diesem Treffen Französ. Seits die Gen. Lieut Ega-
lite (Sohn des Herzogs von Orleans)
und Beurnonville, ferner die Gen d'
Harville Drouet, Dampiere, Desforces,
Stetenhote, Ferrand.

das letzte und mörderischste Gefecht. Die
Kaiserl. fochten mit Löwenmuth, — die Ka=
vallerie, der Erzherz. Karl an der Spitze von
Coburg Drag. hieb mehrmals in die feindliche
Reuterei ein, aber ihre Menge und das fürch=
terliche Artillerie = Feuer machten es unmögl.
bis an die Infanterie durchzudringen. Man
war endl. gezwungen, den Franzosen das
theuer erkaufte Schlachtfeld zu überlassen;
auch fielen die Kranken und Verwundeten,
welche nicht fortkommen konnten, in die Hände
der Feinde. — Blos die Erzehlung dieser
entscheidenden Schlacht giebt den natürlichen
Schluß, daß der Verlust der Franzosen un=
gleich größer als Jener der Oestreicher gewesen
seyn müße, — da erstere die Schanzen zu er=
steigen hatten, und die Berichte ihres Gene=
rals selbst den äußersten Widerstand der Geg=
ner rühmen. Wäre der östreichische Verlust
so groß, wie ihn die gegentheiligen Berichte
angeben, neml. über 4000 Mann gewesen,
wie viel wäre denn von der ganzen Armee übrig
geblieben? und wie hätte der tapfere Clerfait
den Franzosen in der Folge jeden Schritt Lan=
des streitig machen können? Nach der billigsten
Angabe bestand der Verlust der Franzosen an
Todten und Verwundeten aus 8000 Mann.
Die Generals Drouet, und Ferrand, die
Gen. Adjut. Chaumont und Montjoye, der
Obrist Dubqurret, und eine Menge Französ.
Staabs und andere Offiziers wurden tödtlich

F 2   ver=

verwundet. Kaiserl. Seits war der Abgang
an Todten, Verwundeten und Vermißten
2000 Mann, die Obristen Bar. Keim, Gf.
Haddik, der Obristl. Gf. Pückler, und noch
20 Offiziers wurden bleßirt. Kanonen fielen
den Feinden 9 in die Hände.

Die kaiserl. Armee, welche nach diesem
Verluste zu schwach war, sich in Mons zu
behaupten, verließ diese Stadt, und zog sich
bis in die Gegend von Brüßel nach Hall
zurück, um den Franzosen da ein neues Tref=
fen zu liefern, und sie vom weitern Vordrin=
gen abzuhalten. Dumourier ließ hierauf am
7ten Nov. Mons besetzen, und folgte der kais.
Armee auf dem Fuße nach. — Während die
Schlacht zwischen dem F. Z. M. Clerfait und
Dumourier bei Frameries vorgefallen war,
hatte der Gen. Lieut. la Bourdonnoye, von
Ryßel aus, um den F. M. Lieut. Beaulieu
zu beschäftigen, auf der Seite von Dornick
eine falsche Attacke auf Menin formirt, zu=
gleich aber die vortheilhaften Posten bei Pont
Rouge, Commine und Warneton mit einer
überlegenen Macht angreiffen laßen. In den
verschiedenen, bei dieser Gelegenheit vorgefal=
lenen Gefechten, war der Verlust auf beiden
Seiten fast gleich, * indeßen wurde Gen.
Beaulieu, nach der unglücklichen Schlacht bei
Frameries genöthigt, Dornick zu verlaßen,
und

---

* Er bestand in etwa 100 Mann.

und sich zur Armee des Herz. von S. Teschen zurück zu ziehen, und es gieng nach einander auch Cortryck, Ypern, Menin, Ath, Commines, Werwick und ganz Flandern, bis auf Gent verloren. So wie sich denn auch letzteres nicht halten konnte, sondern am 12ten mittels Kapitulation an den Gen. la Bourdonnoye übergieng. Eben dieser ließ durch ein detachirtes Korps Ostende und Brügge, welche zugleich durch ein Geschwader zu Wasser angegriffen worden, besetzen, so daß nunmehro das ganze östreichische Flandern in feindlichen Händen war.

Dumourier setzte mittlerweile dem Korps d'Armée des F. Z. M. Gfen Clairfait mit einer verstärkten Armee von 45000 Mann immer härter zu, und es kam am 11ten Nov. bei Hall zwischen den beiderseitigen Armeen zu einer neuen Aktion, wobei französischer Seits über 1500 Mann, kaiserl. Seits aber nur etwa 200 Mann blieben. Die Uebermacht der Feinde zwang aber, dieses Vortheils ohnerachtet, die kaiserl. Armee ihre vortheilhafte Stellung zu verlassen, ihre Truppen aus Brüßel heraus, und sich nach Löwen zurück zu ziehen, wo auf dem sogenannten Eisenberge Verschanzungen aufgeworfen, und eine sehr vortheilhafte Position genommen wurde. Nach der Räumung der Hauptstadt von Brabant zog der franz. General en Chef am 14ten Nov. in Brüßel ein, 800 französische

Kriegs=

Kriegsgefangene, welche zurück gelassen wor=
den waren, wurden in Freiheit gesetzt, und
das große Freiheits und Gleichheits Spiel
mittels Aufpflanzung des Freiheitsbaums be=
gonnen. — Mecheln und Nivelles fielen kurz
darauf auch nach einigem Widerstande in franz.
Hände; die Garnison in ersterer Stadt etwa
1200 Mann stark, erhielt in der Kapitulation
freien Abzug mit Bagage u. Waffen, die Fran=
zosen erbeuteten daselbst große Magazine. —
Um eben die Zeit that ein Theil der Keller=
mannischen nun von Beurnonville komman=
dirten Armee einen Einfall ins Luxenburgische,
und besetzte Remich.

Die kaiserl. Armee, welche auf dem Ei=
senberge bei Löwen gelagert war, wurde am
18ten Nov. abermals durch die franz. Armee
angegriffen, und es begann ein Treffen, wel=
ches 8 Stunden dauerte, und worinn die Fran=
zosen endlich mit Verlust von 2000 Mann
zurück getrieben wurden, die Kaiserl. hingegen
nur 480 Mann verloren. Die Scharmützel
giengen indessen tägl. fort, die deutschen Trup=
pen wurden unaufhörlich geneckt, und verlo=
ren dadurch viele Menschen, welches bei der
Schwäche der Armee sehr bedenklich wurde:
auch war Dumourier am 20ten von neuem
an der Spitze seiner Armee aufgebrochen, um
die Oestreicher zugleich in 3 Kolonnen in ihren
Verschanzungen zu umringen, und den Rück=
zug abzuschneiden. Dieses bewog den kaiserl.
Genes

General am 21sten Nov. auch die vortheilhafte
Stellung bei Löwen zu verlassen, und sich über
Tirlemont nach **Lüttich** zu ziehen, und
da den Feinden das fernere Vordringen zu
hindern. Dumourier folgte ihnen auf dem
Fuße, besetzte Löwen, neckte die Arriergarde
unaufhörlich, und es kam am 21sten Nov.
Abends bei Tirlemont zu einem abermaligen
äußerst hitzigen Gefechte, wobei auf beiden
Seiten über 700 Mann auf dem Platze blie:
ben. Am 22ten wurde Tirlemont von den
Franken besetzt, und den sich zurück ziehenden
Oestreichern auf dem Fuße gefolgt. Die Kaiserl.
hatten nun zu Lüttich Posto gefaßt, und da
die über 50000 Mann angewachsene französi:
sche Armee sie auch hier von mehreren Seiten
angriff, so fiel abermals ein Treffen bei Hose
vor, welches volle 6 Stunden dauerte, und
wobei hauptsächlich auf beiden Seiten viel ka:
nonirt wurde. Anfangs hatten die Kaiserl.
die Oberhand, endlich aber wichen sie der Ueber:
macht mit einem Verluste von 300 Todten,
und Verwundeten, unter welch letztern sich der
Gen. Gf. Sztarray * befand. Der franz. Ver:

F 4 luft

---

* Dieser tapfere General stamt vom 7bürgl.
Fürsten Ragoczy ab, folgl. vom ersten Ung.
Adel, ist in die Kriegsschule des berühm:
ten Laudons erzogen, und hat seine mei:
sten Feldzüge unter letztern gemacht.
Im letzten Türkenkriege erlegte er in ei:
nem

luſt iſt wenigſtens eben ſo betrachtlich geweſen,
und es iſt lächerlich, wenn Dumourier die
vortheilhafte Bedienung der kaiſerl. Artillerie
in dieſem Geſechte rühmt, und gleichwohl behauptet, nur 3 Todte gehabt zu haben. —
Am 28ten Nov. rückten die Franzoſen in Lüttich ein, und die kaiſerl. Generale zogen ſich
ins Limburgiſche; das Hauptquartier kam nach
Herve. Auch hier machten die Feinde Miene,
die Deutſchen anzugreiffen, und theils dieſes,
theils Mangel an Fourage und Lebensmitteln
veranlaßten, daß in einem gehaltenen Kriegsrathe * beſchloßen wurde, ſich mit der Haupt-
macht an den Rhein und in die Gegend von
Henri Chapelle und Aachen zurück zu ziehen,
Herve aber nur mit einem Theile der Truppen
beſetzt zu halten. — Antwerpen, welches
ſchon mehrere Tage lang eng eingeſchloſſen war,
wurde am 28 — 29ten Nov. bombardirt, und
die Beſatzung ergab ſich an dieſem Tage zu
Kriegs

---

nem Gefechte mit eigner Hand, den Pa-
ſcha von Belgrad, nahm deſſen Pferd
und Rüſtung, und ſandte den zierlichen
Zaum als Geſchenk dem Prinzen von
Wallis, welcher ſolchen in ſeinem Kunſt-
Cabinet aufbewahrt.

* Dieſem Kriegsrathe wohnte bei, außer
dem F. Z. M. Clairfait, die Generale
Baillet de la Tour, Lilien, Penzenſtein,
Pr. von Würtenberg, Biela, Aponco-
urt, Diesbach, Boros ꝛc.

Kriegsgefangenen. Eine große Anzahl Kano=
nen, Mörser, Munition, Proviant ꝛc. fiel
den Franzosen hier in die Hände. — Die ge=
waltsame Eröffnung der Schelde folgte dieser
Eroberung.

General Beaulieu war mittlerweile mit sei=
nem Truppenkorps zwischen Namur und Huy
postirt gewesen, um erstere Vestung, die vom
General Valence belagert wurde, zu entsetzen.
Dumourier, welcher davon benachrichtigt wur=
de, schickte dem Valence unter dem Gen. d'
Harville 13000 Mann zu Hülfe, und der
kaiserl. Feldherr war nach einem hitzigen Gefechte
genöthigt, sich gegen Luxenburg zurück zu zie=
hen. General Moitelle Commendant zu
Namur, ohne Hoffnung des Entsatzes, mußte
sich am 1sten Dec. sammt der in 1400 Mann
bestehenden Besatzung zu Kriegsgefangenen er=
geben.

Am 2ten Dec. verließ der Theil der Clair=
faitischen Armee, welcher Herve noch besetzt
hatte, diese Stadt vollends, und am 3ten
zogen die Franzosen daselbst ein. Die Kaiser=
lichen setzten sich in der Gegend von Heinrichs
Kapelle, und dem Aachner Gehölze, wo sie
eine vortheilhafte Stellung einnahmen, und
Verschanzungen aufwarfen, um da den Fran=
ken, wenn sie angegriffen würden, ein neues
Treffen zu liefern, und so ihnen jeden Fuß
Erdreich streitig zu machen. — Am 6ten
wurden die kaiserl. Vorposten 1/2 Stunde

F 5   von

von Herve von 4000 Franzosen, welche viele
Kanonen und Haubitzen bei sich hatten, mit
Tages Anbruch angegriffen. Die Aktion war
sehr hitzig, und dauerte bis 10 Uhr Morgens.
Anfangs war der Sieg zweifelhaft, allein als
F. Z. M. Clerfait, und die Gen. Lilien und
Diesbach herbeigeeilt waren, wurden die Feinde in die Flucht geschlagen, 56 Mann getödtet, 2 Kanonen erbeutet, und 7 Mann gefangen, auch bis 1 Stunde vor Lüttich verfolgt. Die Kaiserlichen besetzten hierauf Herve wieder, auch kamen die Truppen, welche
nach Aachen zurück gezogen waren, wieder in
Vervier und Theur an. — Ohne sich dadurch irre machen zu lassen, attakirte am 11ten
abermals ein Korps von 4000 Franzosen, die
kaiserl. Vorposten bei Herve. Die Aktion
war hitzig, und dauerte von 11 Uhr Morgens
bis Abends 5 Uhr, da endlich die Deutschen
der Uebermacht weichen, und sich aus Herve
zurückziehen mußten. Der kaiserl. Verlust
bestand in 62 Mann, die Franzosen hatten
etliche 50 Todte. — Eben so fiel am 12ten
bei Vervier ein nicht minder lebhaftes Gefecht
vor, wo sich die Kaiserl. ebenfalls mit einigem Verlust ins Aachner Gehölze zurück zu
ziehen genöthigt wurden. Aachen wurde demnächst ganz von den Kaiserlichen geräumet,
und die französischen Generale Stengel, und
de Forets zogen am 15ten in diese Reichs-
stadt ein. — Clairfait, der mit einer
Hand-

Handvoll Soldaten gegen eine ansehnliche
Macht gefochten, und in allen Gelegenheiten
eine treffliche Retirade gemacht hatte, nahm
hierauf sein Hauptquartier zu **Bergheim**,
um den großen Plan des Dumourier zu ver-
eiteln, sich von Kölln Meister, und dem Gen.
Custine in Mainz Luft zu machen, oder sich
mit dem Beurnonville, der bei Trier durch-
dringen sollte, zu vereinigen. Ein Plan,
dessen Ausführung für Deutschland unüber-
sehbare Folgen gehabt haben würde. F. Z. M.
Clerfait war also fest entschlossen, wenn Dumourier noch weiter gegen Kölln vorrücken
sollte, ihm mit seiner kleinen Armee noch ein
Treffen zu liefern: — im entgegen gesetzten
Falle aber, dort Verstärkungen zu erwarten,
welche ihn in Stand setzten, die Scharten
wieder auszuwetzen, welche ihm die Uebermacht geschlagen hatte, und mit seiner, bei allen Unfällen und Strapatzen immer gleich
muthvollen Armee, dem Feinde die gemachten
Eroberungen im nächsten Jahre und Feldzuge
so geschwind wieder zu entreißen, als er sie
gemacht hatte. Ein Wunsch, der gewis in
eines jeden biedern Deutschen Brust schlägt,
und wozu die gerechte Sache des Kaisers und
seiner Bundesgenoßen die billigste Hoffnung
gewährt. Sey es nun aber das fehlgeschla-
gene Unternehmung des Gen. Beurnonville
auf Trier, oder der schlechte Zustand der französischen Armee, welche eine fernere ernsthafte
Verfol-

Verfolgung des kaiserl. Feldherrn unterbleiben
machten; — genug, die feindlichen Unterneh=
mungen wurden nunmehro hauptsächlich auf
Geldern gerichtet. Die Ausführung dieses
Unternehmens war dem Gen. Lieut. Miran=
da übertragen, der mit einem Korps von
24000 Mann, welches in verschiedene Korps
getheilt wurde, von Antwerpen aus, gegen
Oestreichisch und Preußisch Geldern aufbrach.
Schon den 9ten Dec. wurde Thorn, Weßem,
Horn und Maßeick besetzt, die Maas raßirt,
und die Hauptstadt von Oestreichisch Geldern
Ruremonde, welche der Kommendant Obrist
Gontrevil mit der Besatzung vorher ver=
lassen, und sich gegen Jülich gezogen hatte,
mit französischer Garnison belegt, hiernächst
aber weiter wider Preußich Geldern marschirt,
am 12ten Montfort, und die Preußische
Herrschaft Keßel, am 16ten aber Wachten=
donk, und am 17ten die Hauptstadt Geldern
selbst von Gen. la Morliere besetzt. Die
preußische Garnison hatte sich schon nach We=
sel zurück gezogen. Abgetheilte Korps wurden
nach Mörs, Crevelt, Joch ꝛc. detachirt, um diese
Städte zu besetzen, und starke Kontributio=
nen einzutreiben. So wurde von Preußisch
Geldern 200000, von Crevelt 500000, von
Meurs eben soviel, von vielen kleinern Städ=
ten aber 50 und 25000 Livers Brandschatzung
gefordert. — Dieß war das letzte glückliche
Unternehmen der Franzosen in den Nieder=
landen

landen und am Rhein. Das Glück wendete ihnen von nun an den Rücken, und es scheint, daß die Langmuth der Vorsicht durch so viele Greuel der französischen Nation endl. ermüdet, ihnen nunmehr die verdiente Strafe zubereiten wolle. Die Erzehlung der Progreßen der kaiserl. Waffen von der Seite fällt aber ins Jahr 1793, und gehört folgl. in die Beschreibung des nächsten Feldzugs. Ein einziger Vorfall muß hier noch angeführt werden, welcher gleichsam der Vorläufer des veränderten Kriegsglücks war. 400 Franzosen waren am 21. Dez. in Düren eingerückt. Major Gf. Mahony erhielt Auftrag mit etl. Kompagnien östreicher Jägern, Serviern, und Odonellischen Freipartisten, auch Hußaren dieses Korps zu überrumpeln. Er führte seinen Auftrag nach Wunsch aus, überfiel die Feinde mit Tages Anbruch am 22. Dez., tödtete 20, nahm 49 gefangen, und trieb den Rest über die Ruhr zurück. Die Kaiserlichen hatten bei dieser Affaire 4 Todte, und 3 Verwundete. — Um den Franzosen den Uebergang über die Ruhr zu verwehren, und sich für ferneren Ueberfällen zu verwahren, wurden am 24. Dez. die Ruhrbrücken bei Düren, Lünich und Jülich, von den Kaiserl. abgebrochen, u. das dißseitige Ufer stark besetzt. Das kaiserl. Hauptquartier blieb zu Bergheim im Jülichschen, und F. Z. M. Clairfait erwartete hier die aus Deutschland anrückenden

Ver-

Verſtärkungen, um mit dem Anfange des 1793.
Jahrs mit Nachdruck gegen die Feinde zu agiren.

Nach dem von Dumourier entworfenen
Operationsplan, ſollte die vormals von Kel=
lermann, nun Bournonville angeführte feind=
liche Armee, indeſſen die Eroberung der Nie=
derlande unternommen wurde, ſich bei Saar=
louis ſammlen, Verſtärkungen durch die Be=
ſatzung zu Metz, Diedenhofen, und Saar=
louis an ſich zu ziehen, und nach Ankunft
der ſaubern Marſeiller Brüder, Trier
erobern, und die Vereinigung mit Du=
mourier und Cuſtine erzwingen. Ein für
Deutſchland höchſt gefährlicher Plan, der die
Operationen der preuſiſchen Armee am Ober=
rhein gehemmt, und die Lage der kaiſerlichen
Armeen, und des deutſchen Reichs äußerſt
verſchlimmert haben würde. Der Feind war
bereits Meiſter von der Moſel und dem linken
Rheinufer, und wenn Trier erobert wurde,
ſo mußte die Blokade und Bombardierung
von Luxenburg natürl. folgen. Die Armee
des F. Z. M. Fürſten von Hohenlohe=Kirch=
berg, und das Korps des Generals Brenta=
no, wovon erſterer, wie oben geſagt worden,
nach dem Rückzuge aus Frankreich ins Luxen=
burgiſche, letzteres aber znr Deckung Triers
eingerückt war, mußten dadurch in die ver=
zweifelſte Lage verſetzt werden, und der Ein=
fluß, den dieſes auf die nächſte Kompagne ma=
chen mußte, war außerordentlich wichtig.
                                        Bour=

Beurnonville hatte alles, was zur Ausführung seines Unternehmens nur immer erforderlich war. Die Lage der kombinirten Armeen war ihm außerordentlich günstig. Namur, Antwerpen, Rüremonde, Limburg und das Lüttichische war von Dumourier erobert, F. Z. M. Clairfait in beständigem Rückzuge, die Operation des preußischen Heeres deckte den Hundsrücken nicht, Coblenz war nur schwach besetzt, und Dumourier stark genug, um gegen die Mosel zu detachiren, mithin auch Trier von dieser Seite einzuschließen. F. M. L. Beaulieu hatte es mit dem ihn verfolgenden Gen. Valence zu thun, das Korps bei Arlon war zum Theil zur Besatzung von Luxenburg bestimmt, das übrige mußte den sich bei Longwy tägl. mehrenden Feind beobachten. F. Z. M. Fürst Hohenlohe hatte alles für seine Magazine zu fürchten, die Truppen waren von den Strapatzen des Feldzugs ermüdet, — und ein baldiger Mangel an allen unvermeidlich. In einer so kritischen Lage befand sich Gen. Brentano, der die Posten bei Trier kommandirte, als die Avantgarde des Feindes in der Mitte Novembers zu Homburg im Zweibrückischen eintraf. Die kaiserl. Posten waren sehr gut gewählt, und möglichst verschanzt, konnten aber nur schwach besetzt werden. Die französische Armee folgte der Avantgarde auf dem Fuße, und so langte sie 30000 Mann stark mit 100 Kanonen

nonen am 28. Nov. im Lager bei Thaumen
an. Fürst Hohenlohe eilte mit einer Verstärkung von etl. Regimentern aus Luxenburg her-
bei, um den Gen. **Brentano** * in seinen
guten Anstalten zu unterstützen, und durch
Uebernehmung des Kommandos aus aller Ver-
antwortung zu setzen. Der Feind druckte durch
seine Uebermacht (da die kaiserl. Armee höch-
stens 17000 Mann stark war) die kaiserl.
Vorposten sogleich zurück, und bezog mit seiner
Avantgarde die im Ruverthal gelegenen Ortschaften. Eine 2te Abtheilung mußte den Posten von Pellingen allarmiren, und ein anderes
Korps jene, so zwischen der Saar und Mosel
von den Deutschen behauptet wurden, um die
Aufmerksamkeit des Fürsten aufs höchste zu
spannen. Die Posten des Feindes erstreckten
sich bis Lungwich an der untern Mosel, und
er streifte noch weiter am Ufer hinab, um
Schiffe zusammen zu treiben. Am 2ten und
3ten Dec. zeigten die feindlichen Rekognoszirungen sichtbar den Vorsaß des feindlichen
Generals, alle diesseitige Posten zugleich anzugreiffen. Es vergiengen dem ohnerachtet
etliche Tage, daß nichts von Erheblichkeit vorfiel. Der U. Lieut. **Ucarkovitsch** vom
Regi-

---

* **Dieser wackere General** durch die vielen
Strapazen erschöpft, wurde kurz hernach krank, ließ sich nach Frankfurth
bringen, und starb daselbst den 21. Jan.
1793.

Regiment Stein, allarmirte den Feind täglich
in seinen Dörfern mit guten Erfolg, und töd=
tete ihm mehr als 100 Mann.   Die Regi=
menter Stein, Klebeck, Gemmingen, Mitrovs=
ky, verschiedne Divisionen von E. H. Joseph
Dragoner, und Kaiser Chevaur Legers muß=
ten Tag und Nacht in der rauhsten Witterung
und auf den höchsten Gebürgen unterm Gewehr
stehen.   Am 6ten Dec. rückte Beurnonvil=
le * mit seiner Armee vor, und ließ auf dem
sogenannten Galgenberg bei Ruver, und auf
dem Kugelberg Batterien aufführen, während
dem seine Jäger in den Wäldern herum schwärm=
ten. Es gelang ihm aber weiter nichts, als eine
Kanone, und einen Munitionswagen in der
kaiserl. äußersten Batterie zu verletzen, da indes=
sen bewaffnete Bauern und Freiwillige die Jäger
aus dem Walde jagten, deren 200 auf dem Platze
blieben. Beurnonville zog sich nach diesem frucht=
losen Angriff zurück, und blieb den folgenden

G   Tag

* Beurnonville nun Kriegsminister in
Frankreich, ist der Sohn eines Schul=
meisters aus Champagne Er war An=
fangs Soldat, hernach Unteroffizier,
und heirathete auf der Insel Bourbon
ein reiches Mädchen Hierauf ward er
Offizier bei der Miliz Zu Anfang der
Revolution kam er nach Frankreich, und
kaufte sich eine Offiziersstelle in der
Compagnie der 40 Schweizer der Gar=
de des Grafen v Artois. Endl. wurde
er Revolutionsgeneral.

Tag stille. Gleichen Erfolg hatten seine Detachements bei Pellingen, und Tavern, wo
mehrere Tage hinter einander Gefangene eingebracht wurden, deren Zahl sich auf 100 belief. Rittmeister Eggert von E. H. Jos.
Drag. Vorposten Kommendant bei Tavern,
griff den Feind in Bibelshausen an, und
vertrieb ihn mit einem Verlust von 51 Mann.
Am 8ten Früh brach der Feind sein ganzes
Lager ab, und marschierte nach Schöndorf,
in der Absicht um Pellingen, wo G. M.
Lilien kommandirte anzugreiffen. Er führte
am 10ten sein Geschütz auf die Höhen von
Pellingen auf, traf aber nichts, und es wurde ihm nicht einmal geantwortet. In Wavern
that er einen ähnlichen Versuch auf den Verhau, der eben so fruchtlos ablief. Den 11ten
Dez. wurde neuerdings, aber ohne Erfolg gegen Pellingen kanonirt. Die Franzosen ver-
mehrten sich täglich in Saarburg, und gaben
sich alle Mühe die Saar wieder schiffbar zu
machen, (welche durch Felsenstücke verdorben
worden,) — und eine Brücke darüber zu schlagen. Oberst Gf. Nauendorf v. Wurmser
Huß. wurde mit 400 Pferden beordert, die
Bewegungen des Feindes gegen Merzkirchen
zu beobachten, — bei dessen Erblickung die
franz. Garnison die Gewehre wegwarf, und
davon lief. — Am 12ten rückte der Feind in
3 Kolonnen von verschiednen Seiten 4000
Mann stark, gegen die Position bei Wavern,

beschoß

beschoß dieselbe, und machte Anstalten zum förmlichen Angriff, wurde aber mit Verlust von 86 Mann nach Saarburg zurück gejagt, so wie denn seine Kanonade auf Pellingen ebenfalls ohne Wirkung war. Kaiserl. Seits wurden hierbei 16 Mann bleßirt. — Am 13ten besetzte der Feind abermals Merzkirchen, bei welcher Gelegenheit von einer östreichischen Patrouille 1 Wachtmeister verwundet, 1 Mann nebst Pferd v. Wurmser aber bleßirt, und gefangen wurde. Da die franz. Arrieregarde an diesem Tage die Gegend von Ruver ganz verließ, um zur Armee zu stoßen, so verfolgte sie der Hauptmann Gf. Caraccioli von Stein mit einem Detachement, und machte etliche Gefangene. Die Besatzung von Saarburg kam abermals gegen Wavern, zog sich aber gleich wieder zurück, und verlor 3 Mann Todte. — Das Elend, und die Krankheiten bei der feindl. Armee wuchsen mit jedem Tage, so daß 3 Grenadiers Bataillons, und die Voluntairs von Paris die Armee verließen. Am 14ten. Dec. ließ Beurnonville zwei Brücken über die Saar schlagen, und Truppen und Geschütz darüber defiliren, und als am 15ten 7 wider Pellingen aufgeführte 22 Pfünder nichts vermochten, wurde die Unternehmung von den franz. Commissarien des N. C., welche sich bei der Armee befanden, für unmöglich erklärt. Zu eben der Zeit rückte der Obrist Nauendorf in 3 Kolonnen

gegen

gegen die Feinde zu Merzkirchen, Saarburg,
und Freudenberg. Major Kokulinsky von
Klebeck, und Rittmeister Egger von E. H.
Joseph Dragoner, mußten zu gleicher Zeit
falsche Attacken gegen Saarburg machen. Gf.
Rauendorf, der Hußaren Rittmeister Budai,
und Major Klein von Manfredini, fochten
mit solcher Tapferkeit, daß 90 Franzosen zusammen gehauen, und 50 Mann durch die
Kanonen getödtet wurden. Rittmeister Budai nahm ihnen 2 Fahnen ab. Gegen den
Major Kotulinsky, war indessen eine starke
Abtheilung Feinde von Saarburg angerückt,
bei dessen Rückzuge über einen steilen Berg,
die Pferde an den Kanonen scheu wurden,
und mit sammt dem Pulverkarren in einen
Abgrund stürzten, aus welchen sie hernach
der Feind hohlte. — Am 16ten Dec. ver-
suchte Beurnouville zum letztenmal den Posten vor Pellingen mit einem starken Korps
und vielen Geschütz, bei einem dicken Nebel
anzugreiffen. Der Feind that über 500 Ka-
nonenschüße, die kaiserl. Truppen waren aber
so gut gedeckt, daß nur 1 Kanonier, und 1
Handlanger todt blieben. Hingegen bediente
sich Gen. Lilien seiner Kanonen mit so gutem
Erfolge, daß der Feind mit 300 Schützen
zum Weichen gebracht wurde. Ober Lieut.
Veesan v. Kaiser Chev. Legers verfolgte denselben bis Zerf, mit einem Verlust von etlich 20 Todten, und vielen Verwundeten. 2

feind-

feindliche Kanonen wurden demontirt. —
Zur nemlichen Zeit griff der feindliche General **Landremont** mit 6000 Mann Linientruppen, und 7 Kanonen den Verhau zu
Wavern an. Unvermuthet fiel eine feindl.
Kolonne der Besatzung in den Rücken, und
zwang sie zum Rückzuge mit einem Verluste
von 37 Todten (unter denen der Lieut. Montfort von Klebeck) und 5 Bleßirten. Der
Verlust dieses Postens war wichtig, da hierdurch alle übrigen zwischen der Saar und Mosel gelegenen ebenfalls zum Rückzuge genöthigt
wurden, und man mußte nun alles daran
setzen, um die Consaarbrücke zu vertheidigen.
Alleine zum Glücke hatte der Feind Ordre zum
Rückzüge erhalten; wodurch dieser Verlegen-
heit auf einmal abgeholfen wurde. Die Feinde
erlitten jedoch auch bei dieser letzten Aktion
einen Verlust von 40 Todten, und mehreren
Verwundeten. — Den 18. Dez. ließ der
feindl. General auf die Höhen von **Mittel**
Kanonen bringen, um Grevenmachern und
die Straße von Luxenburg nach Trier, wie
auch die Schiffe auf der Mosel zu beschießen,
— F. M. L. d' Alton aber brachte durch sein
Artilleriefeuer die feindlichen Batterien zum
schweichen, und nöthigte den Feind zum
Rückzug. Durch ein von Pellingen zur Verfolgung des Feindes abgeschicktes Kommando
wurden den Franzosen 1 Offizier mit 4 Mann
getödtet, 6 Mann bleßirt, 7 Mann nebst 18

G 3. Pfer-

Pferden aber gefangen. Die kaiſerl. Mann-
ſchaft machte auch eine hübſche Beute. —
Den 19. Dez. vertrieb Graf Nauendorf den
Feind von Tavern, jagte ihn bis Onſtrof zurück, tödtete 37, und nahm 26 mit 18 Pferden gefangen. Bei dieſer Gelegenheit wurde
auch der hernach auf Parole entlaſſene franzöſiſche General la Turaille als Gefangener
eingebracht. In Weißkirchen wurden von
einer Patrouille Chev. Legers 10 feindliche
Soldaten zuſammen gehauen, 4 Mann mit
7 Pferden aber gefangen genommen. Die
Verfolgung verbreitete ſolches Schrecken unter
die Feinde, daß ſie über Hals und Kopf ihren
Veſtungen zu flohen, und am 20. Dez. nichts
mehr von ihnen zu befürchten, oder zu entde-
cken war. — So war nun Deutſchland einer großen Sorge entledigt, und die Tapferkeit der Hohenlohiſchen Armee * hatte, das
mit großer Uebermacht, und in voller Zuver-
ſicht eines guten Erfolgs vom Feinde begon-
nene

* Diejenigen Offiziers, welche ſich bei dieſen wichtigen Vorfällen beſonders durch
Tapferkeit auogezeichnet haben, und von
dem General en Chef öffentl. gerühmt
worden, ſind außer den verſchiedenl ſchon
genannten: der Hauptmann Kühnart
von Gemmingen, Rittmeiſter Bernsdorf
von Kaiſerl. Chev. Legers, Obriſtl.
Wangenheim, und Rittmeiſter Szabo,
beide von Wurmſer Hußaren.

mene Unternehmen so glücklich vereitelt, daß 1/3 der feindl. Armee dabei sicher umkam, und man nun von jener Seite vor fernern Verdringen sorglos seyn durfte. Noch aber ließen es diese tapfern Truppen nicht blos dabei bewenden, daß sie den Feind vertrieben hätten. Graf Nauendorf verfolgte sie noch ferner, erbeutete zu Saarburg am 22. Dez. 40000 Brodt = und 2500 Haberportionen, und entdeckte bei dieser Gelegenheit noch einen ansehnlichen feindl. Vorrath in der Abtei Mittloch. Bei der weitern Verfolgung des Feindes griff er am 23ten Dec. 1 franz. Bat. Inf. und Jäger im Dorf Oberlenken ohnweit Saarburg an, trieb solche in die Enge, schlug den von Sinz kommenden Succurs in die Flucht, ließ das Dorf blos durch seine Hußaren angreiffen, und erobern, und tödtete dem Feind 54, machte 31 Gefangene, und erbeutete 65 Pferde. Bei diesem ganzen Vorfall wurden blos einige kaiserl. Hußaren und Pferde verwundet. — Nachdem nun auf solche Art der Feind gänzlich vertrieben, und weiter nichts von dieser Seite zu besorgen war, bezog die Hohenlohische Armee die Winterquartiere an den Grenzen des Kurfürstenthums Trier.

Nach dem Abmarsch des Korps der Generals Brentano und Erbach aus dem Lager bei Lingenfeld, (siehe oben S. 54.) waren in dortiger Gegend blos 2 Bataillons Mainzer Truppen, und 800 Mann Kaiserliche zur Deckung

des

des sehr beträchtlichen kaiserl. Magazins zu
Speyer zurück geblieben. Zu dieser Mannschaft
stießen in der Folge noch 150 kaiserliche Reuter,
so, daß das ganze Bedeckungskorps aus 2450
Mann bestand. Die Schwäche dieses wichtigen Postens suchte General Cüstine, der unter Biron bei Landau kommandirte, zu benutzen, zog eine Armee von 24000 Mann
zusammen, und brach in der doppelten Absicht
am 29sten Sept. gegen Speyer auf, theils
um die dort befindlichen sehr beträchtlichen
kaiserl. Magazine aufzuheben, theils aber auch
der großen kombinirten Armee, welche sich
damals in Frankreich befand, eine Diversion
zu machen. Cüstine erschien am 30 Sept.
Früh vor Speyer mit 17000 Mann. Er
hatte sich über Neustadt und Berghausen
durch Gebürg und Waldung gezogen, und
auf diese Art die von den kommandierenden
deutschen Offiziers, dem Obristen v. Winkel-
mann Maynzischer, und dem Obrist Lieut.
v. Dittrich östreicher Seits, auf die erhaltene
Nachricht von dem Anmarsch, ausgestellte
Posten umgangen. Dessen ohnerachtet em-
pfiengen ihn die deutschen Truppen in Schlachtordnung vor den Thoren von Speyer. Das
Gefecht begann um 11 Uhr Morgens, und
die Kanonade dauerte bis gegen 4 Uhr Abends,
da die Deutschen der Uebermacht weichen,
und sich in die Stadt retiriren mußten. Cüstine sprengt theils durch Kanonen, theils mit
stine

der Art die Thore auf, und drang in die
Stadt. Die Kaiserlichen und Mainzer vertheidigten sich aus den Häußern noch mit
vieler Lebhaftigkeit, alleine endlich waren sie
gezwungen, auch da der Uebermacht nachzu-
geben, und sich an den Rhein zu retiriren.
Sie wollten sich bei Rheinhausen (1
Stunde von Speyer) übersetzen lassen, da
aber nicht gleich Fahrzeuge dazu vorhanden waren, und sie die Franzosen mit Lebhaftigkeit verfolgten, so war das ganze Korps
endl. genöthigt, sich mit Kapitulation zu ergeben. Die Offiziers wurden in Gefolg
dieser, nach abgegebener eidl. Versicherung
im gegenwärtigen Kriege nicht mehr wider
Frankreich zu dienen, entlassen, die Gemeinen
aber, mußten sich zu Kriegsgefangenen ergeben.
Letztere betrugen 2100 Mann. Etliche 40
kaiserl. Infanteristen, und die 150 Reuter
waren glückl. durchgekommen. 30 Mann
Churmaynzer hatten ebenfalls das Glück sich
zu retten. Die übrigen 130 Mann blieben
auf dem Platze todt, worunter 90 Mann
Kaiserl., und 40 Mann Maynzer. — Die
Franzosen verloren an Todten und Verwundeten nicht mehr als 30 Mann. — Die deutschen Gefangenen wurden am 1. Okt. nach
Landau transportirt, so wie auch das kaiserl.
Magazin, mehr als 1 Million an Werth,
dahin abgeführt wurde. — Die Armee des
feindl. Generals Custine wurde mit jedem

G 5 Tage

Tage verstärkt, und belief sich bald auf 35000
Menschen.   Dem Hochstift zu Speyer
setzte man 150000, dem Kapitel 75000,
und den Stiftern und Klöstern 30000 fl.
Brandschatzung an. *   Es wurden Verschan=
zungen aufgeworfen, und Custine verlegte sein
Hauptquartier dahin. — Der Anschlag des
französischen Generals war übrigens nicht
blos auf Speyer gerichtet, sein Projekt gieng
weiter, wozu er um so freiere Hände hatte,
da die ganze Gegend des Oberrheins ganz
von

---

* Es ist unbegreiflich, wie einige Teutsche
von der Großmuth und den Tugenden
des Custine und Dumourier reden können;
wohin sie z. B. jene Handlung des Cu=
stine zu Speyer rechnen, da er einigen
Einwohnern den an ihren Häußern erlit=
tenen Schaden vergütet haben soll;
ferner daß er in Maynz dem Aemen=
Institute ein nahmhaftes geschenkt habe.
Zu geschweigen, daß diese Handlungen,
ohne daß das Herz dabei etwas gefühlt
haben mag, blos auf die Gunst des
gemeinen Volks abgezielt haben, bleibs
es an und für sich eine besondere Art
Tugend, einem 100000 fl. zu rauben,
um dem andern 1000 zu schenken.
Gott behüte einen jeden ehrlichen Deut=
schen, vor dieser französischen Tugend!
Ich bin überzeugt, daß alle diejenigen
Orte, welche das Unglück gehabt ha=
ben, den tugendhaften Custine nahe zu
sehen, seine Tugend weit von sich ge=
wünscht haben.

von Truppen entblößt war. Die dortige Gegend gerieth daher durch den glückl. Succeß der Franzosen bei Speyer um so mehr in Schrecken, als ein kleiner Trupp bei Germersheim (in der Pfalz) über den Rhein gieng, und man einen Einfall zu Bruchsal, Philippsburg, und ins Badische befürchtete. Die meisten Gegenden blieben jedoch, da es nur auf einige angesehen war, diesmal verschont. — In der Nacht vom 3. — 4. Okt. brach Gen. Neuwinger mit 8000 Mann von Speyer gegen Worms auf, indessen ein anderer Trupp über Alzey und Bingen gieng, um das platte Land zu besetzen. Worms, das gar keinen Widerstand leisten konnte, wurde hart gebrandschatzt, und zwar das Bißthum mit 400000, das Domkapitel mit 200000, das Kloster Maria Münster mit 400000, die übrigen Klöster mit 300000, und die Stadt mit 600000 Livres. An verschiednen Summen wurde jedoch etwas nachgelassen. Da aber auch dieses nicht gleich aufgebracht werden konnte, so wurden bei dem am 7ten erfolgten Rückzug der Franzosen Geiseln mitgenommen. Neuwinger gieng mit seinem Korps nach Speyer zurück, von wo auch am 10ten die ganze Custinische Armee aufbrach. Jedermann war über diesen Aufbruch erfreut, weil man glaubte, die Franzosen würden nach Landau zurückkehren; alleine die feindl. Armee lagerte sich bei Eßingen, Edesheim, und Walzheim, und

und hatte ein noch gefährlicheres Absehen.
Die Besorgniß vom weitern Vordringen des
Feindes wurde noch vermehrt, als am 16ten
Okt. neuerdings 4000 Franzosen in Worms
einrückten, und man erfuhr, daß Custine
mit einer Armee von mehr als 30000 Mann
in 3 Kolonnen gegen Maynz anrücke. Es
bestättigte sich auch bald.

Custine marschierte mit der ersten und
stärksten Kolonne über Worms, eine andere
aber gieng über Turquem, Neulinger, und
Altze, und so langten alle 3 am 19ten Okt.
vor Mainz an. Die Vestung war schwach
besetzt, 4 Bataillons Kreistruppen, und 900
Mann Kaiserliche, waren die ganze Garni=
son. Dessen ohnerachtet, und wenn man
sich so gewehrt hätte, wie es der Vorsatz
war, ehe die Franzosen angelangt waren,
und die wirklich vorhandenen Vertheidigungs=
mittel gehörig gebraucht hätte, hätte sich die
Vestung immer so lange halten können,
bis die herbeigeeilten Hessen und Preußen die
Stadt entsetzt haben würden. Alleine Custine
bekennt in seinen Berichten an den N. C.
selbst, daß er ein Verständniß in der Vestung
unterhalten habe, und folglich war die Ueber=
gabe dieses wichtigen Platzes, welche allgemei=
nen Unwillen und Erstaunen erregte, wohl
eine Folge jenes Verständnisses. — Bei An=
näherung der Franzosen am 19ten, geschahen
gleich die Allarmschüße, man griff in Mainz

zu den Waffen, und jedes eilte an seinen Posten. Diesen Tag und die folgende Nacht
wurde lebhaft gefeuert, wobei den Belagerern
5 Mann getödtet, und verwundet wurden.
Den 20ten in der Früh, nachdem alle Anstalten zur förmlichen Belagerung gemacht
worden, ließ Custine den Kommandanten Bar.
von Gymnich auffordern. Es wurde ein
Kriegsrath gehalten, und darinn die Uebergabe der Stadt durch Kapitulation beschloßen.
Churfürstl. Seits wurde der Major Eick-
mayer, und der geh. Rath Kalkhof zur Zu-
standebringung dieser Kapitulation abgeordnet.
Letztere kam am 21sten Okt. wirkl. zu Stande, und nach derselben zogen die Besatzungs-
truppen frei mit allen kriegerischen Ehrenzei-
chen, mit Kriegskasse, Artillerie und Gepäck
aus. Die 4 Bataillons nahmen ihre 4 Stücke
mit, mußten sich aber anheischig machen, bin-
nen einem Jahre nicht wider Frankreich zu
fechten, dagegen mußte alles Vestungsgeschütz,
Munition, Proviant, kurz alles, wie es lag
und stand, den Franzosen zurück gelassen werden. Die Kurfürstl. Dikasterien konnten hin
gehen, wohin sie wollten. Die 900 Mann
kaiserl. Truppen, welche sich wehren, und von
keiner Uebergabe ohne Gegenwehr wissen wollten, waren schon vorher abgezogen. — So
kam diese wichtige Grenzvestung, deren Verlust so viele traurige Folgen hatte, und deren
Wiedereinnahme viel Menschenblut kosten
wird,

wird, faſt ohne Gegenwehr in feindl. Hände. — Kaum waren die Franzoſen in Mainz
eingerückt, als ſie ſchon neue Raub-Plane
entwarfen. Gen. Neuwinger mußte mit einem Korps über die Rheinbrücke bei Mainz
marſchieren, und nach Frankfurth gehen. Er
erſchien am 22ten Okt. vor dieſer Stadt,
welche ihm freiwillig die Thore öffnete, und
mit Gefälligkeiten zuvor kam. Deſſen ohnerachtet wußte Cüſtine Vorwände zu erſinnen,
unter denen er dieſer berühmten Handelsſtadt,
welche ſich immer freundſchaftl. gegen jede
Macht beträgt, eine Contribution von 2 Mil-
lionen auferlegte, und ſie mit einer Garniſon
von etl. tauſend Mann belegte.

Die Abſicht des unternehmenden Cüſtine,
gieng noch weiter als auf Mainz, und Frankfurth. Er hoffte auch Hanau, und Wirz-
burg zu überrumpeln, und den anrückenden
Heſſen und Preußen in Coblenz und dortiger Gegend zuvorzukommen. Allein die deutſchen Truppen erreichten dieſe Gegenden um
etwas früher, und die Gegenwehr, zu der ſich
die tapfern Heſſen in Hanau, und die Wirz-
burgiſchen Truppen anſchickten, kühlten die
Courage der Neufranken, welche am größten
iſt, wo ſie keine Gegenwehr finden, dergeſtal-
ten, daß ſie ſich nicht weiter vorzurücken ge-
trauten. Deſto mehr einzelne Streifereien
fielen indeſſen vor, um alles, was ihnen in
die Hände kam, zu rauben, und zu brand-
schatzen.

schätzen. So zogen am 26ten Okt. unter Kom:
mando des Obersten Houchard 1500 Mann
Kavallerie, und 1000 Mann Infanterie aus
Frankfurth. Ein Haufe davon wendete sich
gegen das Kloster Ilmenstadt — forderte
100000 fl. Contribution, und nahm dem Syn:
dikus und 2 Geistliche als Geißeln mit. Dieser
Haufe vereinigte sich sodenn mit dem Korps
bei Friedberg, und gieng gegen die Hessische
Saline zu Nauheim. Der Hess. Cassel:
sche Lieut. Flies, welcher zur Bedeckung die:
ser einträglichen Salzhütte (jährlich 10000 fl)
mit 120 Mann daselbst stand, that lebhaften
Widerstand, allein durch die Uebermacht um:
rungen, ergab er si.h endlich. Die Mann:
schaft wurde jedoch unter der Versicherung im
gegenwärtigen Kriege nicht mehr zu die:
nen, entlassen. Die Franzosen ließen 400
Wagen mit Salz von hier wegführen. —
Das Kloster Arnsburg wurde mit 150000 fl.
und Friedberg mit 50000 Rhlt. gebrandschatzt,
alle Scheuern, Keller, und was sonst herr:
schaftl. in Speyer, Worms, Maynz :c.
war, auf ächt Französisch beraubt. — Die
Churmaynzische Bergveßung Königstein
ergab sich ohne einen Schuß zu thun, an ein
Detachement französische Truppen, und die
Besatzung erhielt freien Abzug. — Nauheim
und das Lager bei Bergen (berühmt durch
die bekannte Schlacht im 7jährigen Kriege)
wurde hingegen bei Annäherung der Preußi:
schen

schen und Hessischen Truppen am 7ten Nov.
wieder verlassen.

Nunmehro waren die Hessischen und Preußischen Vorposten bereits bei Usingen, Weilburg, Limburg ꝛc. angekommen. Den ersten
Scharmützel hatten die Hessen bei Usingen,
wo auf Seiten der Franzosen und Deutschen
etl. Mann verwundet wurden. Custine *
hatte vom Fürsten zu Usingen schon vorher
300000 fl, Kontribution gefordert. Ein
Thril der Frankenarmee zog sich mittlerweile
hauptsächl. gegen Limburg, wo die Preußen
anrückten. — Zwischen Weilburg und Friedberg kam es am 1. Nov. zwischen der Avantgarde der Hessen unter dem Obersten von
Schreiber, und einem französischen Korps
unter dem Obersten Houchard zu einem Gefechte, wobei den Hessen 19 Mann getödtet und verwundet, von den Franzosen aber
in allem etliche 30 Mann vermißt wurden.
Die Hessen mußten bei diesem Gefechte endl.
der Uebermacht weichen, und sich nach Weilburg zurückziehen. Houchard aber zog gegen Limburg.

Hier

---

* Dieser Freiheitsgeneral ist der Sohn des
Marschalls Custine, welcher in der berühmten Schlacht bei Kesbach von den
Preußen verwundet und gefangen wurde,
auch kurz hernach in Leipzig starb Der
jezige Custine diente damals unter seinem
Vater als Lieutenant.

Hier kam es am 9ten Nov. zwischen der
Avantgarde der Preußen 1500 Mann stark,
unter dem Gen. v. Eben, und dem ebenge-
nannten Obristen Houchard, zu einem hitzigen Gefechte. Die Franzosen glaubten die
Deutschen überfallen zu können, allein der
Preußische General empfieng sie in Schlachtordnung. Indessen wurde letzterer dennoch
genöthigt, sich mit einem Verluste von 40
Todten und 60 Verwundeten nach Montabaur zurück zu ziehen. Die Franzosen, welche 17 Todte, und 20 Verwundete hatten,
besetzten nun Limburg. Als aber die Nachricht von dem Anmarsche eines starken Korps
Preußen von Coblenz her, eintraf, verließ
Houchard diese Stadt * wieder, nachdem er
von der dortigen Amtskellerei 25000 fl.
Brandschatzung erhoben hatte. So unent-
scheidend indessen die ersterwehnte Affaire vom
9. Nov. an sich gewesen war, so hatte sie
doch für den Fürsten von Weilburg die unangenehme Folge, daß der Obrist Houchard,
welcher nun freie Hände hatte, am 10. Nov.
Nachts mit 4000 Mann vor Weilburg erschien, dem am 11ten Custine selbst nachfolgte.
Dieser, welcher kurz vorher dem Fürsten eine
Salvegarde gegeben hatte, setzte ihm 300000
fl. Brandschatzung an, entwafnete das Mili-

H   taire,

* Limburg im Trierschen 5 Stunden von
Weilburg.

faire, ließ das Silberservice, Kanonen, Gewehre, Geschirr, kurz was ihm nur anstand, aufpacken, und mit fortschleppen, alle Pferde rauben, und da die Brandschatzungssumme nicht gleich aufzubringen war, den Oberstallmeister von Dunger und Schenken Weinkauf als Geißeln mit fortführen. — Einen gleichen Beweiß der Custinischen Großmuth und Menschlichkeit legten die Franzosen zu Selters ab. Der Franken General hatte diesem Brunnen am 26. Okt. einen Schutzbrief gegeben, und am 10. Nov. kam ein französisch Kommando dahin, hob den Hptmann Babo mit 14 Invaliden auf, und plünderte die Brunnenkasse.

Custine ließ mittlerweile unterbrochen an den Verschanzungen von Homburg bis gegen Maynz, hauptsächl. aber an den Vestungswerken letzterer Stadt und den Schanzen am rechten Ufer des Rheins zu Caßell arbeiten. Sein Hauptquartier hatte er zu Höchst 2 Stunden von Frankfurt am Mayn, und dahin ließ er nicht nur einen großen Theil seiner Armee, sondern auch der Besatzung von Frankfurt mit dem schweren Geschütze ziehen, da das vereinigte Preußisch-Heßische Heer letzterer Stadt immer näher kam. Se. Majestät der König von Preußen hatten sich neml. vest entschlossen, den Franzosen Frankfurt wieder zu entreißen. Zu dem Ende mußte der Gen. Maj. Köhler am 26sten mit seinem

Korps

Korps von Koblenz aufbrechen, und sich am
Rhein auf der linken Seite gegen Bingen
heraufziehen, Gen. Lieut. Courbiere aber
blieb mit seinem Korps zur Besatzung in Koblenz zurück. Ein anderer Theil Truppen zog
auf der rechten Seite des Rheins herauf,
und rückte bis hinter Neustädten vor. Die
preußische Armee mit den Heßischen Truppen
aber war bestimmt, in 2 Kolonnen das zur
Deckung Frankfurts postirte französische Korps
anzugreifen. Die erste Kolonne, bestehend
aus der ganzen preußischen Armee, ausgenommen dem Korps des G. L. von Kalkreuth, und den Detachements bei Montabaur versammelte sich den 25. Nov. Die
Avantgarde unter dem Prinzen von Hohenlohe-Ingelfingen war bis Limburg vorgerückt.
Den 26. Nov. gieng die Armee bis Limburg,
und die Avantgarde bis Oberselter, und den
27ten erstere bis Oberselter, und letztere bis
Etsch. Bei dieser Stadt waren ohngefehr
100 Feinde, welche eiligst ins Gebüsch entflohen, so, daß nur 12 davon gefangen werden
konnten. Dieser geringe Vorfall hatte aber
das Unangenehme, daß der Prinz Wilhelm
von Braunschweig, Sohn und Adjutant des
Herzogs dabei zwei, jedoch nicht tödtliche
Wunden bekam. Den 28. Nov. kam die
Avantgarde und Armee nach Merzhausen,
und den 29sten bei Homburg an, wo man die
feindl. Armee zu finden hofte, die sich aber

H 2

schon

schon zurückgezogen hatte. — Die 2te Kolonne bestehend aus dem Korps des Gen. L.
Kalkreuth und den Hessen, brach am 26. Nov.
von Gießen auf, und gieng bis Butsbach,
den 27sten bis Friedberg, und den 28sten bis
Bergen, wo ein französ. Kommando von
12 Reutern uud 68 Infanteristen aufgehoben
wurde. Die Hessen vorloren dabei 1 Lieutenant und 4 Hußaren, die Preußen aber einen
Dragoner. Gen. Lieut. Kalkreuth ließ an diesem
Tage den Kommendanten von Frankfurth Gen.
von Helden aufforbern, erhielt aber abschlägl.
Antwort, worauf das Kalkreuthische Korps
am 29sten zur Hauptarmee stieß, und die
Hessen allein bei Bergen zurückblieben. Den
30. Nov. und den 1. Dez. hatten die Truppen Ruhetag. Der 2te Dez. war zum Angriff bestimmt. Mit Anbruch des Tages ver-
sammelten sich die sämmtl. Korps auf der Höhe
von Bergen, die Hessen auf dem linken Flügel, und die preußischen Bataillons, * die
zum Angriff bestimmt waren, weiter vorwärts
auf der Chaußee nach Frankfurt. Die Höhen
von Bergen wurden so besetzt, daß, wenn
der Feind von Ursel der Besatzung zu Hülfe
eilen wollte, er daran gehindert werden konnte.
Um 9 Uhr Morgens geschah der Angriff auf
die

---

* Der Königl. Flügeladjutant und Obristl.
Herr v. Rüchel zeichnete sich dabei sehr
aus.

die Stadt. Die Hessischen Bataillons marschir-
ten so verdeckt als mögl. nach dem neuen, und
allerheiligen Thore. Sie fanden solche ver-
schlossen, und die Brücken aufgezogen, der
Feind war auf dem Walle, und schoß aus
dem kleinen Gewehre, denn die Bürgerschaft
in Frankfurt hatte den Franzosen verwehrt,
die Kanonen aus dem Zeughauße zu nehmen.
Gegen die Thore wurden Kanonen aufgefah-
ren, und dagegen gefeuert, wie aber das nicht
fruchten wollte, wurden die Jäger herbeige-
hohlt, und nach einem Gefechte von 1 1/2
Stunde mit Hülfe der Einwohner das Thor
gesprengt, und die Brücken herunter gelassen.
Nun drängte sich alles in die Stadt, und
die französische Garnison 1500 Mann stark,
ward nebst dem Kommendanten Gen. von
Helden größtentheils zu Kriegsgefangenen
gemacht, außer denen, die nach Höchst ent-
kamen, von welch letztern jedoch noch viele
von der Kavallerie eingehohlt, und getödtet
oder gefangen wurden. Bei letzterer Gelegenheit zeigten sich ohngefähr 3000 Feinde, welche die Nidda paßirt hatten, und der Besatzung zu Hülfe eilen wollten, alleine nachdem
einige Hessische Bataillons angerückt waren,
verschwanden sie, und man vertrieb sie noch
ferner aus den Dörfern Bockenheim, Gier-
heim, Eschersheim und Heddernheim. Bei
letzteren Unternehmungen wurde der G. M.
von Eben und der Lieut. Zimmermann von

H 3   der

der reitenden Artillerie verwundet. — Prinz von Hohenlohe bemächtigte sich der vortheilhaften Position bei Oberursel, worauf am 3ten Dez. die Franzosen den Posten von Höchst von selbst verließen. An eben diesem Tage brachten die preußischen Hußaren 50 Gefangene ein, welche einen Brodttransport nach Königstein führen sollten. Uebrigens wurden bei der Einnahme von Frankfurt gegen 300 Franzosen theils getödtet, theils verwundet, und von den tapfern Hessen etwa in allem 140. 3 Hessische Gardeoffiziers blieben auf dem Plaße, und 8 wurden bleßirt. *

Das Hauptquartier des Königs von Preußen, wurde nun nach Frankfurth verlegt. Ein Theil der preußischen Armee gieng in die Gegend von Darmstadt, Prinz Hohenlohe aber rückte gegen die Stadt und Bergvestung Königstein, verjagte die Franzosen aus ersterer, und ließ den Kommendanten General Munter zur Uebergabe des Schloßes auffordern, und als er sich nicht ergab, das Bergschloß zu bombardieren anfangen. Dieses Bombardement wurde

---

* Unter den Todten befand sich der Kapitaine von Münchhausen, und v. Wolf. Unter den Verwundeten der Maj. von Donop ꝛc, und die Kapitaines von Hohorst, de Claire, und von Münchhausen. Hauptsächl auch der Pr. Carl v. Hessen-Philippsthal, welcher am 2. Jan. 1793 an seinen Wunden verstorben.

wurde mehrere Tage hinter einander, vom 7ten
Dec. an, fortgeſetzt, ohne daß ſich dadurch die
franzöſiſche Garniſon zur Uebergabe hätte bewogen laſſen. Vielmehr hatten die Einwohner das Unglück, daß am 8ten durch das
Bombardement die Stadt bis auf wenige
Häuſer eingeäſchert wurde. Da nun auf
dieſe Art nichts auszurichten war, wurde
dieſe Veſte in der Folge blos eingeſchloßen
gehalten, und durch Hunger zur Uebergabe
gezwungen. Das Korps Heſſen = Darmſtäd-
tiſcher Truppen, etwa 6000 Mann ſtark,
welches bei dem Bombardement von Königs-
ſtein geweſen, nunmehro aber dort nicht mehr
nöthig war, zog ſich am linken Ufer des Mains
bei Mainz hinunter. Cuſtine ſtand mit ſeinen Truppen in den ohnweit Mainz gelegenen
Dörfern Weilbach, Weinheim, Hochheim,
Diedenheim ꝛc. — Zwiſchen den äußerſten
Vorpoſten fielen täglich Scharmützel vor, wobei die Franzoſen immer den Kürzern zogen.
So wagte ſich eine preuſiſche Patrouille unter andern am 12ten bis nach Mosbach, 1
Stunde von Mainz, tödtete 2 Franzoſen,
und nahm 7 gefangen, ohnerachtet man von
der Veſtung aus, Truppen gegen ſie anmar-
ſchieren ließ. — Bei Elfeld wurde ihnen ein
Mehltransport mit ſammt den Pferden genommen.

Am 14ten Dec. nahm der König in eigner Perſon gegen die Armee des Generals

Cu-

Cüstine eine Rekognoszierung vor. Bei Annäherung der Preußisch und Heßischen Truppen, wurde eine Kanonade gegen die Feinde
gerichtet, die preußischen Hußaren hieben auf
den Vortrapp ein, tödteten 20, und nahmen
50 gefangen. Die Franzosen wurden aus
ihren Verschanzungen zu Kostheim, Hochheim,
und Wickert vertrieben, Fürst Hohenlohe besetzte die Höhen bei Wickert und Caßel, und
Cüstine warf sich in seine Verschanzungen zu
Caßel und Mainz. Der preußische Verlust
bei diesem Vorfalle bestand blos in etl. Huß-
ren. Erbeutet wurden von den Franzosen,
verschiedene Munitions und Brodwägen, auch
eine Feldschmiede.

Die außerordentliche Kälte, und sich tägl.
verschlimmernde rauhe Jahrszeit, verhinderte
übrigens gegen Caßel und Mainz, weiter etwas mit Nachdruck zu unternehmen, und da
Ihro Maj. der König von Preußen, auch ihrer Armee Ruhe gönnen wollten, um zum folgenden Feldzuge frische Kräfte zu sameln, so
wurde in dem 1792ten Feldzuge nichts weiter
mehr von Erheblichkeit wider die Cüstinische
Armee begonnen, sondern die Truppen in die
Kantonierungsquartiere verlegt, und dem
künftigen Feldzuge vorbehalten, den feindl.
General und Mainz, mit aller Macht anzugreiffen.

Im Breisgau fiel diesen Feldzug hindurch, nichts von Erheblichkeit vor. Die

Zeit

Zeit wurde mit Märsch und Contremärschen zugebracht, und die Kaiserlichen richteten sich nach den Bewegungen der Franzosen im Elsaß. Letztere waren daselbst zu schwach, um einen Einfall ins östreichische Gebiet zu thun, und erstere nicht stark genug, um offensive zu gehen. Das Korps des Prinzen Conde begann ebenfalls nichts, bald mußte es nach Rastadt, bald nach Altbreisach, bald nach Freiburg, bald nach Neustadt (4 Stunden von Basel) bald nach Villingen marschieren, je nachdem man einen Ueberfall aus dem Elsaß besorgte. Die Franzosen wagten zwar wirklich mehrmal über den Rhein zu gehen, wie z. E. bei Hüningen, allein sie wurden immer durch die Wachsamkeit der disseitigen Truppen, und durch die kaiserl. Artillerie, daran gehindert.

Gegen den König von Sardinien, welcher die strengste Neutralität in den Französischen Unruhen beobachtet hatte, waren von der herrschenden Pariser Faktion ohne vorherige Kriegserklärung, unter mancherlei Vorwänden, bereits im September Feindseligkeiten angefangen worden. Die Ursachen dieses Friedensbruches, und die Kriegsvorfälle von jener Seite, stehen mit dem wider kaiserl. Majestät, und seine Bundesgenoßen von den Franzosen angefangenen Kriege in so genauer Verbindung, daß eine kurze Darstellung davon hier ebenfalls, und um so mehr Platz findet

den muß, als der Kriegsschauplatz in Italien
in der Folge sehr interesant werden wird, zur
Ueberssicht des Ganzen gehört, und bei der
nunmehrigen Theilnahme Großbritanniens und
Hollands an diesem Kriege ein immer größe-
res Feld erhält.

Die sogenannte vollziehende Macht zu Paris ertheilte dem General der südlichen Armee
Montesquiou unterm 8ten Sept. den Befehl,
mit seiner Armee in das Herzogthum Savoyen einzudringen, und sich Meister davon
zu machen. Dieser vollführte seinen Auftrag
um so leichter, da die Sardinischen Truppen,
sich keines Ueberfalls versehend, ganz ungerü-
stet waren. Man war gerade im Begriffe,
Sardinischer Seits bei dem Paße Chape-
rillan, dem einzigen Ort, durch welchen
man nach Savoyen kommen kann, Redouten
aufzuwerfen, um sich dadurch, und mit Hülfe
der Kanonen des Schloßes Marches vor
einen Ueberfall zu decken. Montesquiou aber
ließ die Piemonteser, ehe dieses Vertheidi-
gungsmittel fertig war, durch den Gen. La-
ropue am 23ten Sept. überfallen, und die
Redouten, weil sich die Sardinischen Truppen
bereits zurück gezogen hatten, zerstören. Es
fielen dabei blos einige Flintenschüße, und 3
Piemonteser wurden gefangen. Ohne Schwerdstreich nahm hierauf, der die franz. Avantgarde
kommandierende Gen. Lagarde auch die Posten von Belgaride und Aspremont ein, und

da

da sich die Sardinischen Völker, statt Wi=
derstand zu thun, in die Gebürge retirirten,
so wurde noch am 23sten die Vestung Mont=
melian, und am 25sten die Hauptstadt des
ganzen Herzogthums Chambery eingenom=
men. Die Franzosen fanden großen Vorrath
aller Art, und das ganze Herzogthum war in
wenigen Tagen ohne Schwerdstreich ganz in
ihren Händen. Freiheitsbäume, Erschaffung
von Munizipalitäten, und eines National
Convents, folgten unmittelbar darauf, und
um den klärsten Beweis von Uneigen=
nützigkeit, und dem Satze, daß die freien
Franken keine Eroberungen im Kriege machen
wollen, zugeben, erklärte die Pariser Mutter
aller Freiheits und National Convente am
27ten Nov. das Herzogthum Savoyen unter
dem Titel Mont = Blank zum 84sten Depar=
tement von Frankreich. Gegen Montes=
quiou, auf dessen Absetzung schon vorher
war angetragen worden, wurde nun zur Be=
lohnung für die Eroberung Savoyens, —
wegen eines in den Genfer Unruhen, angeblich
für die französische Nation geschlossenen nach=
theiligen Vergleichs, ein Anklag Dekret er=
kannt. Dieser aber floh, wie man sagt, mit
vollen Taschen nach England.

Der Plan der Franzosen war nicht blos
auf Savoyen gerichtet gewesen, man hatte
auch die der Grafschaft Nizza zum Zwecke,
und diese wurde ihnen nicht schwerer, als jene

von Savoyen. General **Anselm** lief von Marseille mit 6000 Mann, 100 Kanonen, und verschiedenen Kriegsschiffen aus, und landete, ohne vielen Widerstand. Die Truppen des Königs von Sardinien, welche an regulairer und irregulairer Mannschaft gegen 16000 Mann ausmachen mochten, zogen sich bei Annäherung der Franzosen nach Sospello zurück. Gen. Anselm gieng nun ohne Widerstand am 28ten Sept. über den Var, besetzte *Nizza*, und gieng vor die Vestung *Montalban*, welche sich auf die erste Aufforderung ebenfalls ergab. Auch die Vestung *Villa Franka* that wenig Widerstand, sondern öffnete die Thore, — folglich war fast die ganze Grafschaft in wenig Tagen in Feindes Händen. Die Franzosen fanden hier so, wie in Savoyen, Vorrath aller Gattung, Kanonen, mehr aber noch Munition, vorzüglich wurde an den hinterlassenen Vermögen, der sich zahlreich daselbst niedergelassenen Französischen Emigranten, eine große Beute gemacht. — Auch Nizza wurde für eine Provinz der neu geschaffenen französischen Republik erklärt. — Der Eroberer dieses Landes hatte gleiches Schicksal mit den meisten französischen Generalen, — er fiel bei den Jakobinern in Mißkredit, und verlor seine Stelle.

Contreadmiral **Truguet**, welcher von Lyon mit einer Eskadre zur Unterstützung der Unternehmung des Generals Anselm auf Niz-

ja ausgelauffen war, erschien faſt zu gleicher
Zeit vor Oneglia, als Anſelm Nizza einnahm. Er ließ den Kommendanten auffordern, allein hier wehrten ſich die Sardiniſchen Völker beſſer, und tödteten eine Anzahl
ans Land geſtiegener Franzoſen. Truguet,
um ſich zu rächen, ließ die Stadt bombardieren, und richtete einen großen Schaden darinn an.

Sonſt fielen zwiſchen den königl. Sardiniſchen, und den franzöſiſchen Truppen, nachdem die öſtreichiſchen Hülfsvölker 8000 Mann
* ſtark, unter dem F. Z. M. de Vins, und
Gfen Straſoldo im Piemontiſchen, angekommen waren, während dieſes Feldzugs noch
verſchiedne Scharmützel vor, worinn die vereinigt Oeſtreichiſch - Sardiniſchen meiſtens die
Oberhand behielten. So war am 18ten Nov.
eine ziemlich hitzige Aktion bei Sospello,
welches die Franzoſen bei dem Rückzuge der
Piemonteſer von Nizza, ebenfalls beſetzt hatten. Der Sardiniſche General Gf. St.
Andrea, beſchloß die Franzoſen von da wieder zu vertreiben. Er zog in dieſer Abſicht
von Tenda, Briga und Saorgio ein Korps
Oeſtreicher und Piemonteſer Truppen mit 13
Kanonen und 2 Mörſern an ſich, und brach
gegen

---

* Im nächſten Feldzuge wird die Oeſtrei-
chiſche Hülfs - Armee über 20000 Mann
ſtark ſeyn.

gegen die Höhe von **Brois** auf, und nachdem er Nachricht erhalten, daß ein von Lan-
toska nach Molinetto vorgerücktes Korps
Sardinischer Truppen auf 120 Franzosen gestoßen, und solche in die Flucht geschlagen
habe, rückte der General gegen den bei Sospello verschanzten Feind, welcher 3000 Mann
stark war, und 5 Kanonen hatte, an, jagte
ihn aus seinen Verschanzungen, und trieb ihn
bis an den Berg Brau zurück. Die disseitigen Truppen setzten ihm nach, und vertrieben
ihn auch aus Caglistione. Beide Städte
wurden nun von den kombinirten Völkern
wieder besetzt. Der Feind hatte 40 Todte,
20 Verwundete, und 15 wurden gefangen
genommen. In Sospello fand man einen
großen Vorrath, 5 Kanonen ꝛc.

Ein drittes Unternehmen, kühner als die
zwei vorhergehenden, war von dem Nat. Con-
vent wider den König von Sardinien beschlossen, um denselben ganz außer Stand zu setzen,
im nächsten Feldzuge wider die französischen
Jakobiner mit Nachdruck zu agiren. Dieses
Unternehmen war auf die Insel **Sardinien**
selbst gerichtet. Eine Flotte von mehr als 40
Segeln unter dem Viceadmiral la Tonnere
Treville mit Truppen und Geschütz gieng
unter Segel, um eine Landung und die Eroberung auch dieser Insel zu versuchen, aber
hier glückte es nicht so, wie in Savoyen und
Nizza. — Der Admiral hatte den Neben-

auftrag, den König von Neapel zuvor mit
Gewalt zur Anerkennung der französischen
Republick zu zwingen. Er erschien am 16ten
Dec. auf der Rhede von Neapel, und richtete seine Commißion nach Wunsch aus. Von
hier seegelte er nach Sardinien, und kam am
21sten Dec. vor der Hauptstadt Cagliari an.
Ein Haufe von 1500 landete in der Gegend
derselben, wurde aber von den Insulanern
überfallen, und zusammen gehauen. Während dieses Gefechts entstand ein fürchterlicher
Sturmwind, der die französische Flotte der-
gestalten zerstreute, daß auf eine geraume Zeit
die Absichten der Franzosen vereitelt wurden.

So war denn nun in allen Provinzen,
wohin sich der Kriegsschauplatz gezogen hatte,
der erste Feldzug geendigt. Man muß über
die Fortschritte erstaunen, welche die Franzosen in demselben, mit ungeübten Soldaten
gegen erfahrne Krieger gemacht haben. Wer
hätte sich die Veränderlichkeit des Kriegsglücks
beim Anfange des Feldzugs vorstellen sollen,
wo die Neufranken von allen Seiten flohen?
Ein seltsames Zusammentreffen von Umstän-
den aber, welches wider die kombinirten Heere
war, bewirkte diese Veränderung zum Vortheile der Feinde Deutschlands, aller Nationen, und aller Ordnung. Die Langmuth
Gottes sahe zu. Sie ließ die in alle Gat-
tungen Laster versunkene Nation eine Zeitlang triumphiren, um desto schrecklichere
Strafen

Strafen im folgenden Jahre wider sie zu ver=
hängen. Schon stehen furchtbare deutsche
Heere an den Grenzen Deutschlands, —
noch mehrere werden erwartet, — England,
Holland, Spanien rüstet sich, — von allen
Seiten bricht der erzürnte Krieger mit gerech=
ter Rache wider eine Gottes vergessene, und
alles Recht mit Füßen tretende Nation her=
vor, — und schon zittert der nackende Franke
vor dem wohlgerüsteten Deutschen. Groß=
thaten, wie sie kein Jahr liefert, wird der
1793ste Feldzug aufzuweisen haben.

Einige Errata.

Seite 1. Zeile 4. lies statt seiner, ihrer. S. 1.
Z. 9. statt der gesündere Theil, der besser ge=
sinnte Theil. S. 8. Z. 5. statt fruchtbar,
furchtbar. S. 14. Z. 3. von unten statt
Hauptpartier, Hauptquartier. S. 18. Z. 10
dißeitigen nicht dieseitigen. S. 22. Z. 13.
statt Warwick, Werwick. S. 27. Z. 10. von
unten statt nun, nur. S. 28. Z. 2. der Note
statt fruchtbar, furchtbar. S. 71. Z. 20
statt hatnäckigen, hartnäckigen. S. 82.
letzte Zeile statt zagen, zogen. Und andere
mehr.